Media- und Marketingstrategien in digitalen Zeiten

Anja Schüür-Langkau (Hrsg.)

Media- und Marketingstrategien in digitalen Zeiten

Trendinterviews mit Branchen-Experten aus Wissenschaft und Praxis

Herausgeber
Anja Schüür-Langkau
Springer Fachmedien Wiesbaden GmbH
Wiesbaden, Deutschland

ISBN 978-3-658-00366-1   ISBN 978-3-658-00367-8 (eBook)
DOI 10.1007/978-3-658-00367-8

Die Deutsche Nationalbibliothek verzeichnet diese Publikation in der Deutschen Nationalbibliografie; detaillierte bibliografische Daten sind im Internet über http://dnb.d-nb.de abrufbar.

Springer Gabler
© Springer Fachmedien Wiesbaden 2012
Das Werk einschließlich aller seiner Teile ist urheberrechtlich geschützt. Jede Verwertung, die nicht ausdrücklich vom Urheberrechtsgesetz zugelassen ist, bedarf der vorherigen Zustimmung des Verlags. Das gilt insbesondere für Vervielfältigungen, Bearbeitungen, Übersetzungen, Mikroverfilmungen und die Einspeicherung und Verarbeitung in elektronischen Systemen.

Die Wiedergabe von Gebrauchsnamen, Handelsnamen, Warenbezeichnungen usw. in diesem Werk berechtigt auch ohne besondere Kennzeichnung nicht zu der Annahme, dass solche Namen im Sinne der Warenzeichen- und Markenschutz-Gesetzgebung als frei zu betrachten wären und daher von jedermann benutzt werden dürften.

Lektorat: Angela Pfeiffer

Gedruckt auf säurefreiem und chlorfrei gebleichtem Papier

Springer Gabler ist eine Marke von Springer DE. Springer DE ist Teil der Fachverlagsgruppe Springer Science+Business Media.
www.springer-gabler.de

Vorwort

Die Spielregeln des Werbemarktes haben sich verändert. Alle Akteure sind betroffen – ob Konsumenten, Werbungtreibende, Agenturen oder Medien. Durch den technischen Fortschritt und eine sich verändernde Mediennutzung entwickelt sich eine Vielzahl neuer Kanäle, die das Marktgefüge gravierend beeinflussen. Werbekunden, Agenturen, Marktforscher, Medien und auch die Wissenschaft müssen daher ihre Strategien im Marketing neu überdenken.

Im vorliegenden Buch analysieren Branchen-Experten in ausführlichen Interviews mit dem Fachmagazin media spectrum die aktuelle Situation und zeigen unterschiedliche Sichtweisen, Herangehensweisen und Lösungsansätze auf. Ausgewählte Best-Practice-Beispiele aus verschiedenen Branchen ergänzen den Marktüberblick.

Vor allem die werbungtreibenden Unternehmen müssen sich zunehmend mit der Frage auseinandersetzen, wie sie mit ihren Kampagnen auch ihre Ziele erreichen und einen messbaren Return on Investment erwirtschaften. Vor dem Hintergrund wachsenden Einflusses des Controllings wird es für viele Marketingverantwortliche jedoch immer schwieriger, erfolgreiche Kommunikation zu betreiben.

Marktforschungsunternehmen erweitern angesichts der neuen Konsumenten-Souveränität ihr Methodenspektrum. Konzepte wie Open Innovation und Co-Creation, Crowdsourcing und Mass Customization halten Einzug in die Marktforschungspraxis. Für die Branche erwachsen daraus neue Chancen. Doch der Wettbewerb wird härter, und die Marktforschung muss sich neu positionieren.

Die Aufgabe der Mediaagenturen ist es, die Werbekunden strategisch bei der Planung ihrer Kommunikationsmaßnahmen zu beraten und deren Umsetzung erfolgreich zu orchestrieren. Dabei wird die Steuerung einer Kampagne über mehrere Marketingkanäle hinweg vor dem Hintergrund fragmentierter Märkte und zunehmender Medienkonvergenz immer schwieriger. Hinzu kommt der seit Jahren anhaltende Renditedruck, der Mediaagenturen zwingt, den Konditionendruck auf die Medien zu erhöhen.

Die Medienunternehmen hingegen stehen zwischen den Fronten. Zum einen müssen sie auf Grund stagnierender und zum Teil sinkender Reichweiten und veränderter Nutzungsstrukturen neue Wege finden, um Leser, Zuschauer und Hörer zu binden und ihre Angebote mit den digitalen Medien zu vernetzen. Zum anderen stehen sie in der Pflicht, ihre Leistungen und Wirkungen detaillierter nachzuweisen und müssen sich dennoch dem Rabattdruck der Agenturen und Werbekunden beugen.

Die Marketing-Wissenschaft setzt sich ebenfalls intensiv mit den neuen Entwicklungen auseinander. Doch der Transfer in die Praxis lässt oft zu wünschen übrig. Die Diskussion, wie Wissenschaft und Praxis künftig stärker voneinander profitieren können, wird derzeit intensiv geführt.

Wiesbaden *Anja Schüür-Langkau*

Inhalt

Vorwort V

Kapitel 1 – Media & Marktforschung 1

„Kommunikation wird teurer werden." 3
Interview mit Thomas Koch, tk-one, Düsseldorf

„Wir müssen den Paradigmenwechsel in jeder Form begleiten." 9
Interview mit Jens-Uwe Steffens, Pilot, Hamburg

Methoden aus einer gestrigen Welt 14
Interview mit Thomas Strerath, Ogilvy & Mather Deutschland GmbH

Werbetreibende oft sich selbst überlassen 19
Interview mit Thorsten Müller, Reckitt Benckiser

„Die klassische Media-Logik löst sich auf." 21
Interview mit Prof. Dr. Wolfgang Schweiger, TU Ilmenau

Mobilfunk ist ein globaler Megatrend 25
Interview mit Christoph Keese, Axel Springer

„Es gibt keinen größeren Erlöshebel als Paid Content." 28
Interview mit Gregor Waller, Frenemies Consulting

„Qualität ist das Leitmotiv unserer Strategie." 30
Interview mit Tobias Trevisan, Frankfurter Allgemeine Zeitung

Crossmediale Reichweite soll Zeitungsvermarktung unterstützen 35
Interview mit Markus Ruppe, ZMG Zeitungs Marketing Gesellschaft, Frankfurt

„Die Research-Zyklen sind dramatisch schneller geworden." 39
Interview mit Ralf Ganzenmüller, Ipsos Deutschland

Multitasken macht dumm 44
Interview mit Professor Dr. Dr. Manfred Spitzer, Universitätsklinik Ulm

Kapitel 2 – Marketing & Markenführung 47

„Learn to drive before you fly." 49
Interview mit Dr. Jesko Perrey, McKinsey & Company, Düsseldorf

Die Markenarchitektur wird immer wichtiger 54
Interview mit Prof. Dr. Torsten Tomczak, Universität St. Gallen

„So viel Standardisierung wie möglich – so viel Differenzierung wie nötig" 58
Interview mit Prof. Dr. Dr. h. c. mult.Heribert Meffert, Universität Münster

Social-Media-Maßnahmen stützen das Image von Marken 61
Interview mit Prof. Dr. Manfred Bruhn, Universität Basel

Social Media revolutioniert das Marketing 64
Interview mit Prof. Dr. Tobias Langner, Bergische Universität Wuppertal

„Vollmundige Slogans sind online wertlos." 69
Interview mit Ossi Urchs, Strategieberater

„Die strategische Überlegung muss immer am Anfang stehen." 72
Interview mit Prof. Dieter Kempf, Bitkom und DATEV

Echte Verknüpfung der Vertriebskanäle ist die hohe Kunst der nächsten Jahre 75
Interview mit Prof. Dr. Dirk Morschett, Universität Fribourg

Rolle des Pricings wird immer noch unterschätzt 80
Interview mit Dr. Rainer Meckes, Simon-Kucher & Partners

Markenführung ist auch Mitarbeiterführung 84
Interview mit Prof. Dr. Holger Rust, Universität Hannover

Raus aus der Einbahnstraßen-Kommunikation 88
Interview mit Hubert Sichler, Serviceplan Health & Life

Kapitel 3 – Ausgewählte Best-Practice-Beispiele 93

„Social Media erzeugen eine gnadenlose und gute Transparenz." 95
Interview mit Thomas Voigt, Otto Group

„Nur einem beständigen Unternehmen schenkt man Vertrauen." 99
Interview mit Orazio Costadura, Audi AG

„Unsere Kernziele sind Imageverbesserung und echte Transparenz." 102
Interview mit Carmen Borsche, Nestlé Deutschland AG

Der Markenkern steuert die Kommunikation 105
Interview mit Anders-Sundt Jensen, Mercedes-Benz Cars

„Wir dürfen Effizienz nicht nur quantitativ bewerten." 110
Interview mit Margret Dreyer, Postbank

Kapitel 1
Media & Marktforschung

„Kommunikation wird teurer werden."

Interview mit Thomas Koch, tk-one, Düsseldorf

Thomas Koch, Vordenker in der deutschen Werbebranche und Inhaber der Beratungsfirma tk-one, spricht über die Entwicklungen der Medienbranche und die Herausforderungen für Unternehmen, Agenturen und Medien.

Anja Schüür-Langkau

Herr Koch, wie haben sich die Aufgaben der Kommunikation durch die Digitalisierung verändert?

Thomas Koch: Die gesamte Branche muss lernen, dass es heute nicht mehr die Hauptaufgabe von Kommunikation ist, Endverbraucher von Marken zu überzeugen, die sie eigentlich gar nicht haben wollen. Die Herausforderung ist vielmehr, die Bedürfnisse von Kunden besser als früher zu erkennen und zu befriedigen, also quasi Kommunikation on Demand. Klar ist aber auch: Big Data kommt. Das heißt, dass das Geschäft immer datenbasierter wird. Einige Agenturen arbeiten derzeit an sehr spannenden Ansätzen. Die Gefahr dabei ist, dass die strategische Arbeit auf der Strecke bleibt.

Sie sagten bei anderer Gelegenheit, je mehr Kanäle hinzukommen, desto schwieriger, komplexer und auch teurer werden Marketing und Werbung. Hat die Branche dies schon verstanden?

Koch: Nein, aber sie wird dies zunehmend merken und es auch teuer bezahlen. Je mehr Medien hinzukommen, desto mehr Medien müssen wir zukünftig auch einsetzen, um die Kommunikationsziele zu erreichen. Und auch die klassischen Medien haben nach wie vor ihren Platz. Online mit seinen ganz unterschiedlichen Ausprägungen und Funktionen kommt ergänzend hinzu. Um diese Komplexität zu bewältigen, braucht die Branche sehr viel Know-how und vor allen Dingen sehr viel mehr Personal als in der Vergangenheit. Das macht Kommunikation teurer.

Für die einzelnen Mediengattungen sehen die Perspektiven sehr unterschiedlich aus. Wie bewerten Sie die zukünftige Situation der Zeitungen?

Koch: In Zukunft werden wir genauso viele gedruckte überregionale Zeitungen haben wie bisher. Überregionale Zeitungen wie die FAZ, die Süddeutsche und die Zeit haben die Funktion, Hintergründe zu erklären. Das muss aber nicht täglich sein. Daher glaube ich, dass zwar die Frequenz sinken wird, die Relevanz aber nicht. Online erfüllen die Zeitungen eine andere Funktion. Dort steht die Aktualität im Vordergrund. Die regionalen Abo-Zeitungen hingegen werden erleben, dass sie in ihrer heutigen Form nicht mehr gebraucht werden. Der einzige Wert der regionalen Abo-Zeitungen ist der lokale Bezug. Nicht umsonst investiert Warren Buffet (jetzt) 140 Millionen US-Dollar in lokale (Mini-)Tageszeitungen im Süden der USA. Der Mann ist ein Genie. Der Rundumschlag vieler Zeitungen, international bis lokal zu berichten, ist ein Auslaufmodell. Ihre Zukunft ist lokal.

Spielt hier der Werbemarkt mit?

Koch: Auf jeden Fall, denn die lokale Bindung ist auch für den Werbemarkt hochinteressant. Wenn dieser Wert erkannt wird, ist es auch nicht mehr so relevant, ob ich eine Print-Ausgabe oder eine Online-Ausgabe bekomme, denn die Verbraucher zahlen für den Content.

Wie sieht es bei den Zeitschriften aus?

Koch: Wenn die Entwicklung weitergeht wie bisher, gibt es zukünftig noch mehr Zeitschriften mit immer kleineren Auflagen. Die Chancen liegen in den Nischentiteln, und das gilt auch für den Werbemarkt. Die großen „Dickschiffe" werden hingegen immer weniger gebraucht. Zudem werden wir noch relativ lang ein Nebeneinander von Print und Online erleben. Für die Verlage bedeutet dies, dass sie dem Werbemarkt intensiver als bisher crossmediale Angebote anbieten müssen. Denn wundersamerweise gleicht die Kombi mit Online auch das Altersdefizit aus. Dennoch wird es auch in Zukunft Menschen geben, die mit einer Papierzeitschrift in der Hand auf der Couch sitzen wollen. Verlage sollten daher ihre Printpotenziale nicht aufgeben und ausschließlich auf Online setzen.

Was bedeutet diese Entwicklung für die Geschäftsmodelle der Verlage?

Koch: Die bisherigen Geschäftsmodelle werden zukünftig nicht mehr funktionieren, das ist schon heute deutlich sichtbar. Denn je mehr Nischentitel es gibt, desto aufwendiger wird die Arbeit für die Mediaplaner. Diese aber haben leider nicht genügend Zeit, sich intensiv mit der Vielfalt zu beschäftigen. In der Folge verliert Print an Bedeutung. Den Verlagen ist hier nur zu raten, ihr Service-Angebot auszubauen und endlich Wege zu finden, die Printwirkung zu belegen. Diese Antwort steht trotz einiger Versuche immer noch aus. Es geht um Qualität und Wirkung. Ich muss mir als Kunde die Frage beantworten können, was ich davon habe, wenn ich nicht nur TV und Online mache, sondern TV, Online und Print. Da die Medienmärkte immer komplexer werden, benötigen die Entscheider in den Agenturen und den Unternehmen Hilfestellung und Argumente. Hier liegt für die Verlage noch viel Potenzial brach.

Ist die Gattungsinitiative AIM hier auf dem richtigen Weg?

Koch: Nein. Die Bemühungen gehen in die falsche Richtung. AIM ist der Versuch, Antworten zu liefern, die mit dem Fernsehen vergleichbar sind. Ich halte es jedoch grundsätzlich für falsch, Medien auf der Kontaktebene miteinander zu vergleichen. Es interessiert niemanden, ob ein Leser eine Seite wirklich aufgeschlagen hat und wie lange er eine Seite betrachtet hat. Entscheidend ist, was dies bewirkt.

Kommen wir zum Fernsehen. Wie sehen Sie die Entwicklung hier?

Koch: Beim Thema Fernsehen ist die Entwicklung schwer zu prognostizieren. Betrachten wir beispielsweise online-affine Menschen um die 30 Jahre. Diese Zielgruppe schaut selektiv. Sie schauen sich Sendungen über die Mediatheken an, wenn es in ihren Zeitplan passt. Sie picken sich rosinenartig bestimmte Sendungen aus dem linearen Fernsehprogramm heraus, beispielsweise Tatort, schauen überraschend viele öffentlich-rechtliche Sendungen, die ihrem Qualitätsanspruch genügen, und RTL 2, um zu lästern und sich gelegentlich von diesem Blödsinn berieseln zu lassen. Dieses Beispiel repräsentiert nicht „die" Fernsehzuschauer, doch es sind Menschen, die darüber entscheiden werden, wie der Fernsehzuschauer der Zukunft aussieht. Natürlich gibt es heute im Fernsehen immer noch Massenphänomene. Doch abgesehen von TV-Ereignissen wie der Fußball-WM überwiegt heute – ohne dieses Fass schon wieder aufmachen zu wollen – im Privatfernsehen der Hartz-IV-Zuschauer. Er ist eher älter, weniger gebildet, hat einen relativ großen Haushalt und kauft bei Lidl und Aldi ein. Vor diesem Hintergrund ist es verständlich, warum Handelsunternehmen immer mehr TV-Werbung machen. Doch diese Zielgruppe, die sich ausschließlich berieseln lässt, wird kleiner. Für die Fast Moving Consumer Goods, die durch diese Funktion des Fernsehens groß geworden sind, wird die Entwicklung zum Problem. Viele Unternehmen müssen ihre Strategie künftig neu überdenken.

Beim Radio sieht es hingegen gar nicht so düster aus.

Koch: Es verwundert eigentlich nicht, dass die Reichweiten beim Radio sogar steigen, denn Online ersetzt die Funktion des Radios nicht. Radio begleitet den Nutzer durch den Tag bei allem was er tut. Dies kann kein anderes Medium. Daher wird Radio unverändert weiterleben. Und vielleicht begreifen die Werbe-, Marketing- und die Medialeute auch irgendwann, wie dieses Medium funktioniert und wie man es einsetzen kann.

Ist Radio in der Planung unterbewertet?

Koch: Völlig unterbewertet. Der derzeitige Marktanteil von unter sechs Prozent ist eine Katastrophe. Radio verdient zehn Prozent der Spendings. Doch davon sind wir noch weit entfernt.

Und Outdoor?

Koch: Outdoor-Medien werden in einer Zwitterrolle bleiben. Auf der einen Seite gibt es die klassischen Outdoor-Medien, wie das stehende Plakat, und auf der anderen Seite die digitalisierten Angebote. Beide werden überleben. In Wartesituationen, beispielsweise auf Bahnhöfen, Bushaltestellen, Raststätten und Flughäfen, sind digitalisierte Plakate sinnvoll. Laut FAW haben die digitalisierten Spendings in diesem Bereich um 80 Prozent zugenommen, und der Markt wächst weiter. Klassische stehende Plakate hingegen haben auch zukünftig ihre Berechtigung auf der Straße. Ich glaube sogar, dass das stehende unbewegte Plakat in einer Welt, in der es um uns herum zunehmend flimmert, einen ganz neuen Wert gewinnt.

Online ist ja inzwischen ein fester Bestandteil im Mediaplan. Wie bewerten Sie die aktuelle Situation?

Koch: Online gehört inzwischen zum guten Ton. Man belegt Onlinemedien, ohne genau zu wissen, warum. Der Anteil liegt derzeit bei 20 Prozent. Doch je größer dieser Anteil wird, desto mehr werden die Marketingverantwortlichen ihr Tun hinterfragen. Bisher wurde vor allem Masse eingekauft, und diese möglichst billig. Das wird sich ändern. Ich glaube, dass der Wert von Online steigen wird, wenn mehr Nachweise über die Funktion von Online im Mediamix vorliegen. Zudem lassen sich über das Targeting bestimmte Zielgruppen deutlich gezielter ansprechen als in allen anderen Medien. Diese Möglichkeiten sind noch längst nicht ausgereizt. Doch die gezielte Ansprache ist teuer. Dies haben noch nicht alle Werbungtreibenden verstanden.

Gilt dies nur für das Preisgefüge?

Koch: Nein. Auch beim konzeptionellen Einsatz von Werbemitteln stehen wir noch völlig am Anfang. Das gilt vor allem für Bewegtbildwerbung. Viele Kunden schicken derzeit eine verkürzte Version ihres TV-Spots an die Online-Vermarkter. Diese schlagen dann die Hände über dem Kopf zusammen mit der Frage, ob es gewünscht sei, dass die User nach den ersten Sekunden aussteigen. Hier sind medienindividuelle Werbemittel gefordert.

Die Branche ist insgesamt ja sehr zahlengetrieben. Obwohl es bereits eine Vielzahl von Daten gibt, werden weitere Leistungswerte, vor allem im intermedialen Vergleich, gefordert.

Koch: Ganz grundsätzlich: Wir werden niemals Leistungskriterien finden, die die Medien miteinander vergleichbar machen. Das erzähle ich jetzt schon seit 40 Jahren. Wir brauchen Leistungsdimensionen, die helfen, ein Medium zu bewerten, aber nicht intermedial. Ich muss mich zunächst für die Funktion eines Mediums entscheiden und seine Fähigkeit bewerten, innerhalb einer Zielgruppe etwas zu bewegen. Erst dann kann ich zu den Leistungswerten übergehen und diese dann intramedial vergleichen. Wir messen bei jedem Medium etwas anderes. Im Augenblick müssen die Onliner aufpassen, dass sie nicht die Leistungskriterien der klassischen Medien aufoktroyiert bekommen. Online muss hier selbstbewusst seine eigenen Leistungskriterien entwickeln. Dann werden diese Kriterien allerdings die klassischen Medien schwer unter Druck setzen.

Welche Relevanz hat Social Media als Werbemedium?

Koch: Als Werbemedium hat Social Media keine Relevanz. Deshalb werden meiner Ansicht nach auch die Versuche, Anzeigen in Facebook zu schalten, scheitern. Wir müssen begreifen, warum die Menschen Medien nutzen und welche Funktion Medien haben. Menschen nutzen die sozialen Medien, um miteinander zu reden, und auch, um zu schauen, was ein Unternehmen gerade macht. Sie nutzen sie jedoch nicht, um Werbung wahrzunehmen.

Was bedeutet dies für die Rolle von Social Media im Rahmen einer Kampagne?

Koch: Social Media ist eine hervorragendes Instrument zur Förderung der Kundenbindung. Durch die „Liker" und „Follower" lassen sich erstmalig die Menschen identifizieren, die mit meiner Marke sympathisieren. Dieses Potenzial gilt es zu nutzen. Man kann sie anders informieren, Fragen stellen und sie einbinden. Klar ist aber auch: Es ist teuer. Denn für die Kommunikation mit Einzelnen zahle ich erheblich mehr, als ich jemals für einen TKP in den klassischen Medien bezahlt habe. Dennoch muss man den Wert eines solchen Kontaktes in Relation zu den Kosten setzen. Wenn die B-to-C-Märkte wirklich verstanden haben, was Social Media kann, werden sie das Instrument nie wieder aufgeben wollen.

Die wachsende Medienvielfalt hat ja zur Folge, dass die Medienmärkte immer unübersichtlicher werden. Wo sehen Sie vor diesem Hintergrund zukünftig die Hauptaufgabe der Mediaagenturen?

Koch: Mediaagenturen müssen mit den Kunden wieder über die Funktionen von Medien sprechen und unter Berücksichtigung der Marketingzielsetzung einen Mediaplan entwickeln, der für den Kunden einzigartig ist. Durch die Medienvielfalt dürfte es zukünftig keine Mediapläne mehr geben, die sich gleichen. Davon ist die Branche jedoch derzeit noch weit entfernt. Die identischen Mediapläne, die derzeit den Markt beherrschen, könnten sich die Kunden auch selber basteln. Diese haben keinen Wert. Deshalb ist die Mediaplanung als Geschäftsmodell gescheitert und muss neu belebt werden.

Was raten Sie den Kunden?

Koch: Derzeit würde ich als werbungtreibendes Unternehmen eigenes Know-how aufbauen und in Erwägung ziehen, auf eine Mediaagentur zu verzichten, vor allem, wenn ich weiß, dass meine Wettbewerber alle mit „unfähigen Mediaagenturen" arbeiten. Diesen Vorteil würde ich nutzen. Erste Unternehmen gehen ja schon in diese Richtung. Sie trennen zunächst Planung und Einkauf und bauen eigene Lösungen auf.

Das heißt, das Pokerspiel um Konditionen neigt sich dem Ende zu?

Koch: Das Spiel ist auf jeden Fall überreizt.

Auch das Thema Trading steht derzeit massiv in der Diskussion. Sie beschrieben an anderer Stelle die Schizophrenie in der öffentlichen Diskussion. Zwar werde Trading von allen verteufelt, doch alle tun es. Und auch die Werbekunden lehnen Trading öffentlich ab, würden dies aber in den Hinterzimmern fordern. Welche Relevanz wird Trading zukünftig haben?

Koch: Zum einen wird Trading bei der Beantwortung der Frage helfen, welcher Teil der Werbespendings austauschbar ist und welche Medien und Werbeplätze so unverzichtbar sind, dass ich sie – egal zu welchem Preis – kaufen muss. Trading wird also zu einer Definition von Werbeplätzen führen, die ein Kunde bislang gekauft hat, aber wahrscheinlich gar nicht braucht. Da wird sich die Spreu vom Weizen trennen. So wird es in den Mediaplänen zukünftig immer einen getradeten Teil und einen strategischen Teil geben. Diese Entwicklung setzt die Geschäftsmodelle der Agenturen und natürlich die Medien zusätzlich unter Druck.

Was würden Sie Marketingverantwortlichen raten, um sich auf die Zukunfts-Herausforderungen vorzubereiten?

Koch: Ganz wichtig ist es, die internen Abläufe zwischen Vertrieb, Marketing und PR zu hinterfragen und neu zu überdenken. Für Marketingverantwortliche ist es derzeit die wichtigste Aufgabe, vor dem Hintergrund der eigenen Marke zu verstehen, wie die Zielgruppen-Märkte und die Medien funktionieren. Es gibt keine richtige Antwort für Branchen, sondern nur für die eigene Marke. Marketingverantwortliche haben immer weniger Zeit für die Markenführung. Das muss sich ändern. Hinzu kommt das Thema Personal. Auch hier müssen die Unternehmen langfristig denken und den Nachwuchs aufbauen, damit sie zukünftig die richtigen Leute am richtigen Platz haben.

Vita

Thomas Koch ist seit über 40 Jahren erfolgreich im Media-Business tätig. Vierzehn Jahre verbrachte der Mediaplaner zunächst in namhaften Werbeagenturen, u.a. als Media-Chef bei GGK in Düsseldorf und Ted Bates Worldwide in Frankfurt. 1987 machte er sich mit „thomaskochmedia" (tkm) in Düsseldorf selbständig. tkm wird zur größten unabhängigen Mediaagentur Deutschlands. 2002 fusionierte Koch als CEO seine Agentur mit Starcom zu tkmStarcom und damit zur sechstgrößten Mediaagentur des Landes. 2007 stieg er dort aus und Anfang 2008 als Mitglied der Geschäftsleitung bei Crossmedia in Düsseldorf ein. 2010 ist er Mitgründer von „Warum wippt der Fuß?", einem neuartigen, kreativen Denkpartner. Mit „Plural" in Berlin unterstützt er regierungsunabhängige Medien in Krisengebieten. Seit Januar 2011 berät er mit seiner Beratungsfirma „tk-one" Agenturen, Unternehmen und Medienhäuser.

„Wir müssen den Paradigmenwechsel in jeder Form begleiten."

Interview mit Jens-Uwe Steffens, Pilot, Hamburg

Pilot-Hauptgesellschafter Jens-Uwe Steffens spricht über die Herausforderungen moderner Mediaagenturen, die Gefahr von Trading-Modellen und die hoch komplexe Währungsdiskussion, in der Agenturen und Werbungtreibende endlich ihre Anforderungen formulieren müssen.

Imke Sander

Im Frühjahr haben Sie verkündet, Pilot neu aufzustellen und alle Kernbereiche unter dem Dach Pilot Hamburg zu bündeln. Was waren die Hauptmotive dafür?

Jens-Uwe Steffens: Eine Mediaagentur muss immer auf der Höhe der Zeit sein und letztlich die Bedürfnisse der Kunden optimal abbilden. Deutlich geworden ist: Die Trennung zwischen Klassik und Online ist heute nicht mehr zeitgemäß. Unsere Kernbereiche Media – und zwar über alle Kanäle –, Kreation und den immer wichtiger werdenden Bereich Technologie wollten wir zu einer Firma zusammenfügen und die Gräben zwischen den bisherigen Profit-Centern beseitigen. Es soll keinen Egoismus und keinen Wettbewerb mehr zwischen den Units geben, vielmehr sollen alle an einem Strang ziehen. Das ist eine wichtige Voraussetzung, um zu neutralen und objektiven Empfehlungen in der strategischen Planung zu kommen.

Wie sieht die Zusammenführung der Online- und Offline-Welt in der Praxis genau aus?

Steffens: Wir haben den Change-Prozess über mehrere Jahre hinweg vorbereitet. Die Hauptmaßnahme war unser Corporate College, das alle involvierten Mitarbeiter besuchen und wo sie nach eineinhalb Jahren einen entsprechenden Abschluss erworben haben. Dort haben Offliner, Onliner, Kreative und Marktforscher gemeinsame Projekte durchgeführt. Das war ein sehr fruchtbarer Boden für die weitere Zusammenarbeit. Als nächsten Schritt haben wir neue Teams gebildet und diese räumlich zusammengeführt.

Heißt das, Sie haben aus Generalisten Spezialisten gemacht und umgekehrt?

Steffens: Nein. Alle Qualitäten in einer Person zu finden, hat Seltenheitswert. Es ging uns darum, dass jeder weiterhin in seinem Spezialgebiet eingesetzt wird, aber auch über die notwendigen Basics im Sinne einer integrierten Beratung verfügt. Auf der Geschäftsführungs- und Direktorenebene gibt es beispielsweise immer ein Führungsduo, bestehend aus einem Onliner und einem Klassiker.

Kann solch ein Change-Prozess jemals abgeschlossen sein? Die Medienwelt ist ja ständig im Fluss.

Steffens: Hierzu möchte ich gerne Professor Peter Kruse, der an der Uni Bremen Organisationspsychologie lehrt, zitieren: „Ein Change-Prozess ist der Übergang von einem festen

Zustand in einen neuen festen Zustand." In dem Übergangszustand gibt es natürlich gewisse Reibungsverluste, aber das ist ganz normal. Letztlich muss es aber immer wieder einen festen Zustand geben. „Panta rhei", also „alles fließt", funktioniert in Unternehmen nicht, denn der Fluss hat keine operationale Stärke.

Haben Sie durch Ihre Neuaufstellung schon signifikant mehr Kunden gewonnen?

Steffens: Unser Umsatz ist in 2011 um 20 Prozent gestiegen. Dieses Jahr werden wir voraussichtlich mit der gleichen Bilanz abschließen. In einem Markt, der momentan nicht besonders wächst, ist das ein überaus erfreuliches Ergebnis, das wir auch auf die Neuaufstellung zurückführen.

Pilot agiert mittlerweile als Full-Service-Agentur. Ist das heute die einzige Chance für Mediaagenturen zu überleben?

Steffens: Überleben kann man dann, wenn man das leistet, was die Kunden erwarten. Wir sind letztendlich eine Resultante des Marktbedarfs, und je besser wir den Marktbedarf treffen, desto mehr sind wir gefragt. Wir können uns nicht ausschließlich nach unseren eigenen Überzeugungen aufstellen und erwarten, dass die Kunden zu uns strömen. Das funktionierte vielleicht in den 60er Jahren.

Sie sind seit rund 30 Jahren im Media-Business. Was ist das Auffälligste, das sich an der Beziehung Kunde – Agentur verändert hat?

Steffens: Die Beziehung zu den Marketingverantwortlichen hat sich nicht großartig verändert. Beide Seiten verfolgen ja das gleiche Ziel. Aber: Der Druck ist für alle höher geworden. Die Transparenz-Diskussion, ausgelöst durch den Code of Conduct und die Ruzicka-Affäre, hat sicher heute noch Nachwirkungen. Zudem haben wir es immer stärker mit dem Procurement in Unternehmen zu tun, das rein nach monetären Aspekten agiert. Die Gewichtung in den Entscheidungen zwischen Marketing und Einkauf hat sich für meine Begriffe nicht sachgerecht verschoben.

Gerade durch Online gibt es ja eine zunehmende Konzentration auf performanceorientierte Abrechnungsmodelle. Welchen Raum hat heutzutage noch die strategische Beratung?

Steffens: Das ist nach wie vor eine unserer Kernkompetenzen, die wir konsequent ausgebaut haben. In der strategischen Beratung unserer Kunden sind heute zwei Dinge entscheidend: Erstens muss in der Grundkonzeption das Thema Digital so integriert werden, dass es einen entsprechenden Mehrwert für die Kampagnen leistet. Zweitens muss eine große Nähe zu den Marketing-KPIs sichergestellt werden. Wer bei diesen beiden Themen nicht gut aufgestellt ist, bekommt Probleme.

Wie stehen Sie zu den Trading-Töchtern anderer Mediaagenturen?

Steffens: Ich bin ein erklärter Gegner des Tradings, weil ich glaube, dass wir dadurch nachhaltig unserer Medienlandschaft schaden. Man muss sich die Frage stellen, wie perspektivisch die Refinanzierungsmöglichkeiten der Medien aussehen und ob wir nicht etwas gefährden, was wir als vierte Kraft in der Demokratie alle schätzen gelernt haben: die freie und qualitativ hochwertige Presse. Bereits heute sehen wir, dass guter Journalismus mit Anspruch immer schwieriger umzusetzen ist. Demgegenüber steht der durchaus verständliche Kundenwunsch, billig einzukaufen. Meiner Meinung nach werden hier aber Wirkung und Rückwirkung zu wenig im Kontext betrachtet.

Die Protagonisten des Tradings, die GroupM-Agenturen, haben jedoch gerade im Kreis der OWM-Mitglieder großen Erfolg verzeichnet …

Steffens: Unter Berücksichtigung der letzten Etatgewinne könnte sich die GroupM in ihrer Strategie durchaus bestätigt sehen. Die Kunden hätten das Modell ja auch geschlossen ablehnen können. Stattdessen hat es einen gewissen Sogeffekt entwickelt. Viele Big Spender wandern im Moment zum Vorreiter in Sachen Trading ab. Ich finde das äußerst bedauerlich. Gerade große Player müssen sich auch auf ihre Verantwortung für den Markt besinnen. Hier sehe ich inzwischen ordnungspolitischen Klärungsbedarf.

Zum Thema Forschung: Finden Sie, dass die im Moment am Markt vorhandenen Leistungswerte ausreichend sind, um die neue Mediennutzung abzubilden?

Steffens: Die Währungen, die wir heute haben, sind für meine Begriffe in vielen Bereichen überholt bis gar nicht mehr glaubwürdig.

Welche zum Beispiel?

Steffens: Ich bezweifle beispielsweise, dass die Leistung von Funk bei den Unter-30-Jährigen steigt. Ich habe Söhne in diesem Alter, die nicht einmal mehr ein Radio besitzen. Im Printlager gibt es zwar immer wieder Anstrengungen, Kontaktqualität und Involvement abzubilden, aber diese sind meist sehr zäh. Das Thema Parallelnutzung von Medien spiegelt sich in den verfügbaren Dateien überhaupt nicht wider, ist aber heute ein wichtiger Faktor in der Mediennutzung. Die Entwicklung der Technologien läuft leider zu schnell, um sie zeitgleich in den Währungen umzusetzen.

Halten Sie die Entwicklung einer Intermedia-Datei für realistisch?

Steffens: Momentan nicht. Das Thema der Vergleichbarkeit ist viel zu komplex.

Brauchen wir die überhaupt?

Steffens: Es ist Zeit für eine Zäsur. Wir brauchen neue Leistungswerte und zeitgemäße Erhebungsmethoden und Bewertungsziffern. Wir wissen heute zum Beispiel viel zu wenig über Wirkungsdimensionen. Der bloße Nachweis einer Kontaktchance trifft nicht mehr den Punkt.

Was wünschen Sie sich von den Vermarktern?

Steffens: Es wäre zu einfach, den Ball nur den Vermarktern zurückzuspielen. Die Mediaagenturen und Kunden müssen ihr Wunschergebnis formulieren. Aber auch, wie der beste Weg dahin aussehen kann. Das ist zwar ein Riesenwurf von unvorstellbarer Komplexität. Allerdings sollten wir uns endlich an die Startlinie begeben.

Glauben Sie überhaupt an einen marktfähigen Konsens in der Währungs- und Wirkungsdiskussion?

Steffens: Das ist keine Frage des Glaubens, sondern der Erfordernisse. In den nächsten zwei, drei Jahren müssen wir nicht nur diese Diskussion führen, sondern bereits Weichen stellen. Fest steht: Die Fortschreibung der Rezepte aus der Vergangenheit ist keine Lösung für die Zukunft. Wir sind an einer Bruchstelle angelangt und müssen den Paradigmenwechsel in jeder Form begleiten. Die Buchungsbereitschaft für die Klassik ist spürbar rückläufig. Aber die neuen Angebote bieten noch nicht die nötige Investmentsicherheit und den überzeugenden ROI-Nachweis, um die Ströme auszulösen, die den Wegfall bei „Old Media" kompensieren werden.

In der Tat: Die Effizienzmessung ist gerade vor dem Hintergrund von Social Media schwierig geworden. Wie gehen Sie als Agentur damit um?

Steffens: Auch wir haben da noch keine Rezepte und keine belastbare Währung. Was ist der Wert eines Fans? Wie viel zählt Interaktion? In welchem Verhältnis stehen Aufwand und Nutzen? Das beginnt bei der Frage, welche Kosten eigentlich den Mediaausgaben zugerechnet werden. Content-Erstellung, Pflegeaufwand etc.? Man kann im Moment nur ungefähr ein Gefühl dafür entwickeln, was gut gelaufen ist und was nicht.

Werden Ihrer Meinung nach die Spendings heute noch in die richtigen Kanäle investiert? Oder gibt es eine Schieflage der Werbeausgaben, die nicht mit der Nutzung der Konsumenten übereinstimmt?

Steffens: Ich erlebe das Ergebnis im Markt immer als das richtige Ergebnis. Print, Funk und auch Plakat haben bezüglich der Spendings Federn gelassen. Diese Tatsache signalisiert, dass das Bekenntnis zu den Medien im Moment offensichtlich nicht allzu groß ist. TV wiederum verzeichnet weiterhin leichte Gewinne. TV hat es aber auch am besten verstanden, sich in die digitale Welt zu verlängern. SevenOne oder IP liefern sehr intelligente Pakete. Die vielen Mühen und Anstrengungen zahlen sich für die Gattung aus.

Was sind für Sie die Kanäle der Zukunft?

Steffens: All die, die mit Audiovisualität zu tun haben, denn nur so können nachhaltig Aufmerksamkeit und Involvement erzeugt werden. Ich glaube sehr stark an die neue IPTV-Welt, die an die Kampagnen-Steuerung und auch die Werbeformen ganz neue Ansprüche stellt. Zudem wird die Verlängerung von Audiovisualität auf Laptop, iPad und Handy, aber auch an den POS ein entscheidender Erfolgsfaktor sein, um die Massen effektiv anzusprechen.

Sie haben einen Wunsch frei: Welche Diskussion muss im Markt noch intensiver geführt werden?

Steffens: Das Trading-Thema ist für mich längst noch nicht zu Ende diskutiert, da es noch stärker in dem Spannungsfeld zwischen der Relevanz im Werbemarkt und der gesellschaftspolitischen Bedeutung auf der anderen Seite gesehen werden muss. Wir dürfen nicht leichtfertig eine Lawine lostreten, die wir nicht mehr stoppen können.

Vita

Jens-Uwe Steffens ist seit 1999 Hauptgesellschafter der unabhängigen und inhabergeführten Mediaagentur pilot mit Hauptsitz in Hamburg.

Weitere Niederlassungen betreibt die Agentur in Berlin, München und Stuttgart. Der studierte BWLer Steffens ist ein Media-Urgestein und seit 1983 in der Branche, u.a. war er in verschiedenen Positionen bei der HMS-Carat-Gruppe tätig. Zudem ist Steffens Vorstand der Organisation der Media-Agenturen im Agenturverband GWA (OMG).

Methoden aus einer gestrigen Welt

Interview mit Thomas Strerath, Ogilvy & Mather Deutschland GmbH

Thomas Strerath, CEO Ogilvy & Mather Deutschland GmbH, spricht über veraltete Mess-Systeme in der neuen digitalen Welt und die Arbeitsweise moderner Agenturen.

Anja Schüür-Langkau

Herr Strerath, warum bilden Ihre Ansicht nach die derzeitigen Messverfahren die digitale Welt nicht mehr ab?

Thomas Strerath: Zunächst einmal ist es in der digitalen Welt überhaupt kein Problem, jede gewünschte Kennzahl zu messen, und zwar in ausreichender Menge, ausreichender Qualität und in Echtzeit. Dennoch fordern beispielsweise Verbände wie der OWM die Vermarkter auf, Leistungsnachweise zu liefern. Das Problem dabei ist, dass die Marketingentscheider mit Kennzahlen aus der alten Welt arbeiten. Die Ansätze der Fernseh- und der Printforschung sind im Durchschnitt 40 Jahre alt und wurden auf der Basis der damaligen Möglichkeiten entwickelt. Diese Möglichkeiten zu messen haben sich durch die digitalen Medien jedoch grundlegend verändert. Die alte und die neue Welt passen hier nicht mehr zusammen.

Das heißt, die bisherigen Ansätze sind hinfällig?

Strerath: Sie müssen zumindest neu bewertet werden. So wird Werbewirkung nach wie vor im Sinne der AIDA-Formel verstanden, die schon 1898 entwickelt wurde. Die Modelle, die in diesem Verständnis entwickelt wurden, sind intermediär. Das bedeutet, sie messen nicht wirklich das Ergebnis, beispielsweise den Kauf eines Produktes, sondern eine Zwischengröße, die ein Indikator für das Endergebnis, den Kauf, ist. Ein gutes Beispiel hierfür ist die Werbeerinnerung. Laut der AIDA-Formel muss zunächst einmal Werbeerinnerung erzeugt werden, damit jemand später das Produkt kaufen kann. Also wurde die Werbeerinnerung gemessen. Wäre es möglich gewesen zu messen, ob ein Konsument ein Produkt wegen der Werbung kauft, hätte sich keiner für die Werbeerinnerung interessiert. Die vergangenen 40 Jahre stand deshalb die Werbeerinnerung im Zentrum, was dazu geführt hat, dass Anzeigen und TV-Spots so gestaltet wurden, dass sie im Werbeerinnerungstest gut abschneiden.

Ist die Werbeerinnerung also heute irrelevant?

Strerath: Ja. Damit will ich aber nicht behaupten, dass Werbeerinnerung per se schlecht ist. Die Frage ist aber, ob Werbeerinnerung eine notwendige Voraussetzung für Werbeerfolg ist. Zudem kann kein Unternehmen von der Werbeerinnerung leben. Sicher war früher dieses Konstrukt mangels anderer Daten nachvollziehbar. Doch heute sind die Warenwirtschaftssysteme digitalisiert, sodass ein Unternehmen sowohl online als auch beim Handel die Verkäufe sofort und in Echtzeit analysieren und seine Maßnahmen entsprechend optimieren kann. Die Vertreter der digitalen Medien sagen zu Recht: „Warum sollten wir solche Zwischenschritte wie Werbeerinnerung liefern, wir können doch genau sagen, ob gekauft wird?" Zudem wird ja derzeit diskutiert, ob es überhaupt wichtig ist, ob ein Nutzer geklickt hat, und ob es nicht reiche, dass die Nutzer ein Werbemittel gesehen haben.

Beim Fernsehen gilt eine Werbung als gesehen, wenn der Fernseher eingeschaltet war.

Strerath: Eben. Und niemand weiß wirklich, ob jemand davor sitzt oder nicht. Doch beim TV ist dieser Systemfehler seit 20 Jahren bekannt und akzeptiert. Hier wird in Bezug auf TV und Online mit zweierlei Maß gemessen. Man versucht, den routinierten Weg aus einer Zeit, in der die Datenerhebungsmöglichkeiten und die Marktsituation noch völlig anders waren, in die neue Welt zu übernehmen. Doch das funktioniert eben nicht, weil die neue Welt eben völlig anders tickt und ganz andere Möglichkeiten bietet.

Dennoch steigen auch die Online-Vermarkter in die Diskussion um ihre Daten ein und bemühen sich intensiv darum, neben den technisch zählbaren Daten auch Branding-Effekte von Online nachzuweisen. Vor allem die United Internet Media AG (UIM) hat sich das Thema auf die Fahne geschrieben.

Strerath: Als Verkaufsargument ist es für einen Onlinevermarkter wie UIM sicher ein schlauer Schachzug. Da viele Marketer noch in der alten Welt zuhause sind, holt die UIM sie mit ihrem Brandingversprechen dort ab. Ich halte es allerdings für falsch zu versuchen, den Branding-Effekt, wie man ihn in den 60er und 70er Jahren verstanden hat, in der digitalen Welt nachzuweisen. Marken werden nicht mehr ausschließlich über die so genannten formalen Markensignale, also Farbcodes, Sprachcodes, Audiocodes usw., wahrgenommen, sondern durch die Interaktion. Wir nennen dies die „soziale Verkehrsfähigkeit". Marken ohne Vernetzung, also Marken, über die niemand spricht und über die nichts verbreitet wird, haben in der digitalen Welt keine Relevanz. Wir glauben fest daran, dass die soziale Verkehrsfähigkeit einen ökonomischen Mehrwert für die Marke bietet. Sie lässt sich dann zu einem höheren Preis oder in größerer Stückzahl verkaufen. Der Nachweis eines Branding-Effektes in der bisherigen Weise wäre hier meiner Ansicht nach zu kurz gegriffen.

Andererseits setzt die Datenfülle, die Online durch die technische Messung bietet, die klassischen Medien unter Druck. Hat die Klassik zukünftig überhaupt eine Chance, mit Online mitzuhalten?

Strerath: Ich sage jetzt mal etwas ganz Böses, doch dieses Beispiel ist symptomatisch: Es geht um die Gelben Seiten der Deutschen Post. Dieses Medium hat aus meiner Sicht heute keine Relevanz mehr. Dort werben der Friseur und die Pizzeria seit 30 Jahren, haben ein Abo, und keiner hat ihnen gesagt, dass man dies auch abbestellen kann. Aber kein Mensch nutzt die Gelben Seiten noch. Wenn ich eine Pizzeria suche, gehe ich zu Google. Viele Werbegelder werden aber immer noch dort ausgegeben, wenn auch mit rückläufiger Tendenz. Diese Verantwortlichen sitzen „auf dem abschmelzenden Eisberg", können nichts dagegen tun, sagen aber auch nichts, damit das Eis nicht noch schneller schmilzt.

Ist dieses Beispiel auf alle klassischen Medien insgesamt übertragbar?

Strerath: Sicher nicht. Die Situation beim Fernsehen ist anders. Wir sind kurz davor, dass TV komplett digitalisiert ist. Das heißt, Fernsehen wäre ab morgen in der Lage, alle Daten zu liefern, die auch Online bereitstellt. Doch daran besteht kein großes Interesse, weil sich deutlich mehr verdienen lässt, wenn die Währungen nach wie vor Reichweite und Kontakte heißen. Insofern passt wieder das Beispiel der Gelben Seiten dazu, weil die TV-Vermarkter das Thema gar nicht forcieren wollen, um die Umsätze nicht zu gefährden. Denn wenn plötzlich alles digital zählbar und veröffentlicht würde, könnten Ergebnisse herauskommen, die für TV deutlich schlechter sind. Dabei wäre es heute doch möglich, Haushalte in ihrem gesamten crossmedialen Medien-Konsum via IP-Adressen zu tracken. Selbst die Nutzung von Bewegungsdaten im Haus könnten ergänzt werden.

Gilt das auch für Print?

Strerath: Print nimmt in Deutschland eine absolute Sonderstellung ein und ist deutlich anders als in anderen Ländern. Die Printmedien haben naturgemäß viel größere Schwierigkeiten, ihre Leistung nachzuweisen. Wenn Fernsehen sich aber zukünftig als digitales Medium begreift und im Schulterschluss mit Online neue Wege entwickelt, um die Leistung zeitgemäß nachzuweisen, werden sich die Printmedien in diesen Weg einordnen müssen.

Wie sinnvoll ist Ihrer Ansicht nach der Versuch, die Daten für unterschiedliche Medien intermedial in einer Datei zu erheben, um Vergleichbarkeit herzustellen?

Strerath: Eine solche Vergleichbarkeit ist meiner Ansicht nach nicht zwingend sinnvoll. Wenn ich es etwas böse formuliere, nützt uns eine solche Vergleichbarkeit gar nichts, denn sie würde dazu führen, dass alle Mediapläne gleich aussehen. Das tun sie zum Teil heute schon. Gleichheit zu erzeugen, ist aber nicht die Aufgabe von Marketingleuten, sondern es ist die Aufgabe zu differenzieren. Es geht um den Unterschied zu den anderen. Zwei Unternehmen, denen das hervorragend gelingt, sind Ritter Sport und HRS. Beide setzen auf eine Mono-Mediastrategie, indem sie alle Bahnhöfe komplett belegen. Das ist eine differenzierende Media-Strategie. Zu einem solchen Ergebnis kommen Sie nicht, wenn Sie Bahnhofswerbung mit Radiowerbung auf Reichweite, Kontakte usw. vergleichen. Wenn auf dieser Basis optimiert wird, kommt immer ein bisschen Radio und ein bisschen Plakat im Bahnhof heraus. Und dann sind Sie wie alle anderen. Für mich ist diese Sucht nach Vergleichbarkeit und die Angst vor Fehlern falsch. Wer etwas erreichen will, muss Dinge austesten und auch Fehler machen dürfen. Nur so kommen wir zu wirklich kreativen und differenzierenden Strategien.

Welche Unternehmen sind denn hier schon auf dem richtigen Weg?

Strerath: Ein wunderbares Beispiel ist Ikea. Ikea ist einer der großen TV-Spender und ist wie kaum ein anderes Unternehmen in der Lage zu wissen, was erfolgreich ist und was nicht. Deswegen sehen Sie bei Ikea auch keine 360-Grad-integrierten Kampagnen. Sie sehen keine Anzeigen, in denen der TV-Spot abgebildet ist. Und auch im Shop gibt es keine Deckenhänger, die Inhalte der Anzeigen oder TV-Spots zeigen. Jedes Werbemittel hat seine eigene Aufgabe, und alle ergänzen sich. Ikea macht aber nicht nur Werbung, sondern erstellt auch Inhalte, die auf Kompetenzfelder der Marke einzahlen. Die Ikea Family ist das größte Monomarken-Kundenbindungsprogramm in Deutschland mit sechs Millionen aktiven Kunden, die in den letzten fünf Monaten die Karte beim Kauf benutzt haben.

Inzwischen erstellen sechs Vollzeitredakteure permanent Content rund um das Leben zuhause. Es gibt 18 Moderatoren aus der Zielgruppe, die den Dialog in der Community managen. Für Ikea liefert die Community wertvolle Informationen. Alle Besitzer einer Ikea Family Card sind automatisch Teil der Community, und es lässt sich genau nachvollziehen, wer wann auf dem Portal war und wie sich das Kaufverhalten der Mitglieder ändert.

Inzwischen sind ja viele Unternehmen dabei, im Web über Social Media und andere Plattformen eine Fülle von Daten über User und Kunden zu sammeln. Sind die Unternehmen generell schon in der Lage, diese Datenflut strukturiert zu verarbeiten und zu nutzen?

Strerath: Nein, überhaupt nicht. Es gibt bisher nur sehr wenige Unternehmen, die hier auf einem guten Weg sind. Die meisten sind nicht im Ansatz in der Lage, mit der Datenflut vernünftig umzugehen. Und wenn sie es wären, würde auch kein Eins-zu-Eins-Angebot herauskommen, denn es macht für große Unternehmen überhaupt keinen Sinn, Werbemittel für Einzelpersonen zu kreieren. Vor diesem Hintergrund geht die gesellschaftliche Diskussion über die gläsernen Konsumenten an der Realität völlig vorbei.

Dann ist One-to-One nicht das Ziel?

Strerath: Die Frage ist, was man unter One-to-One-Marketing versteht. Es geht dabei nicht um persönliche, individuelle Daten, sondern um Segmentierungen und Gruppen. Für VW haben wir unterschiedliche Fahrertypen herausarbeiten können. Es erscheint plausibel, dass zwei Golf-Fahrer sehr unterschiedliche Nutzungssituationen haben, wenn der eine einen 3-Türer mit leistungsstarkem Motor und der andere einen 5-Türer mit Automatik bestellt. Diese unterschiedlichen Gruppen bekommen passende Angebote, und das nennt man dann One-to-One-Marketing. Ein personenindividuelles Marketing macht für die meisten Unternehmen keinen Sinn, ist kostentechnisch nicht effizient, und es funktioniert auch nicht. Bestes Beispiel ist Facebook. Ich bin intensiver Nutzer von Facebook und habe alle Daten offen. Doch bisher habe ich noch nicht einmal ein vernünftiges Werbeangebot auf Facebook erhalten.

In diesem Zusammenhang wird ja auch über den Social Media-ROI diskutiert.

Strerath: Dieses Thema macht mich etwas wütend. Die Forderung nach einem ROI wird an ein Medium wie Facebook gestellt. Aber warum stellen wir sie nicht an einen TV-Sender? Ich würde gerne einmal den TV-ROI sehen, ich möchte den Scharnier-Spot-ROI und den Format-Sponsor-ROI sehen. Hier werden völlig unterschiedliche Maßstäbe angelegt. Ich stehe diesem Thema sehr skeptisch gegenüber, weil eine solche Anforderung an die etablierten Medien, die ja vermeintlich so gut erforscht sind, eben nicht gestellt wird.

Das heißt, der Media-ROI ist nicht relevant bzw. messbar?

Strerath: Nein, das heißt es nicht. Er ist sehr wohl messbar. Beim Ikea Case können wir beispielsweise genau zeigen, wo die Leute waren, was sie gekauft haben, wie viel Revenue das gebracht und was es gekostet hat. Auch für unseren Kunden Deutsche Bahn, für den wir eine Social-Media-Kampagne für das „Chefticket" gemacht haben, können wir genau ausrechnen, was es gebracht hat.

Wo gibt es aus Ihrer Sicht zukünftig weiteren Forschungsbedarf?

Strerath: Natürlich finde ich es absolut lohnenswert, weiter in das Konstrukt Marke in der Forschung zu investieren. Auch sollte man daran arbeiten, wie die Vernetzungsstrukturen in den digitalen Medien inhaltlich noch besser ausgewertet werden können. Solche Ansätze halte ich für deutlich sinnvoller, als irgendwelchen Leuten Kameras auf den Kopf zu setzen und sie dabei zu beobachten, wie sie eine Zeitung lesen. Voraussetzung für die Unternehmen aber ist, ausgehend von den Unternehmenszielen, die Marketingziele auf Subziele herunterzubrechen und erst danach die nächsten Schritte zu planen.

Zum Abschluss dürfen Sie ein paar Wünsche äußern: Welche Diskussionen müssten im Markt intensiver geführt werden?

Strerath: Ich wünsche mir eine offene Diskussion über die Sinnhaftigkeit von operativen Kennzahlen in strategischen Fragestellungen. Alle, beispielsweise im Rahmen der ROI-Diskussion genannten, Kennziffern sind operativer Struktur und können über die operative Performance informieren. Operative Kennzahlen sind aber naturgemäß ungeeignet, strategische Fragestellungen zu beantworten. Die Planung einer Media-Strategie muss strategische Kennziffern beantworten. Nur dann ist das Wort Strategie auch keine Phrase mehr.

Vita

Thomas Strerath ist CEO Ogilvy & Mather Deutschland und seit Mai 2012 „Member of the Board Ogilvy & Mather worldwide". Seine Laufbahn bei Ogilvy startete er 2005 als Geschäftsführer der Frankfurter Dialogmarketing-Agentur OgilvyOne. Strerath ist seit Anfang 2006 CEO der deutschen OgilvyOne Gruppe, 2007 wurde er zum COO (Chief Operating Officer) von Ogilvy Frankfurt berufen. Darüber hinaus ist er Mitglied des Ogilvy & Mather EAME Executive Committee. Von Oktober 2010 bis Oktober 2011 war er Vizepräsident des GWA. Er kam von der Viernheimer Agentur WOB AG, wo er zuletzt als COO und Sprecher des Vorstandes tätig war. Davor arbeitete er in Köln als CD bei der TV-Produktionsgesellschaft Fremantle (heute Grundy UFA TV Produktion) und selbstständig mit seiner eigenen Agentur Vogelsang Strerath.

Werbetreibende oft sich selbst überlassen

Interview mit Thorsten Müller, Reckitt Benckiser

Thorsten Müller, Media & Communications Manager Central Europe bei Reckitt Benckiser, über die ideale Aufgabenverteilung zwischen Unternehmen, Agenturen und Vermarktern.

Isabel Kiely

Welches sind zurzeit die größten Herausforderungen für das Marketing in werbungtreibenden Unternehmen?

Thorsten Müller: Neben dem generellen Rechtfertigungsdruck bei Allokation und Höhe der Marketing-Ausgaben sowie deren Payback kommt die steigende Komplexität durch die Fragmentierung der Zielgruppen in Bezug auf Mediennutzung und Konsumverhalten hinzu. Dies in Kombination mit einer in Deutschland nach wie vor existierenden Datenfülle bei wenigen Ressourcen kann einen Markenverantwortlichen schon vor ziemlich schwere Entscheidungen stellen.

Sie formulieren die Forderung, dass Werbewirkungsdaten schneller und aktueller zur Verfügung stehen müssten. Was erwarten Sie konkret?

Müller: Ich würde mir wünschen, dass die Agenturen (wieder) eine komplette Rolle übernehmen, das heißt nicht nur Strategien und Konzepte ausarbeiten und umsetzen, sondern auch „track and learn" fester Bestandteil ihres „Scope of Work" ist. Hier werden Werbetreibende oft sich selbst überlassen, oder – noch nachteiliger – sie geben ihren Agenturen nicht alle relevanten Daten zur Evaluation der Werbeeinsätze an die Hand. An der Menge der Daten scheitert es ja selten. Außer teuren und komplexen Sales Modellings findet mir aber in diesem Aufgabengebiet viel zu wenig statt. Mehr Pragmatismus und schnellere Tools sind gefragt, um permanente Optimierungen in der Kommunikation vornehmen zu können. Die Vermarkter wiederum werden viel zu selten von den Werbetreibenden und Agenturen an ihre Leistungsversprechen erinnert. Werbung ist ja kein Selbstzweck oder dient auch nicht nur der Erhaltung einer pluralistischen Medienlandschaft – die Industrie muss sich auch täglich dem Wettbewerb bei den Konsumenten und im Handel stellen. Aus den genannten Entwicklungen sollten auch die Vermarkter ein veritables Interesse haben, sich regelmäßig diesem Wettbewerb zu stellen. Kann eine Werbeform oder ein Medium keinen Beitrag zu Image oder Abverkauf einer Marke beitragen, verliert es seine Daseinsberechtigung im Marketingmix.

Die Diskussion über eine Intermedia-Datei, die alle relevanten Kanäle enthält, währt schon seit Jahren. Wie wichtig ist eine solche vergleichende Datei für Werbungtreibende?

Müller: Eine derartige „eierlegende Wollmilchsau" würde den Werbetreibenden die Selektion der richtigen Touchpoints enorm erleichtern. Ich bin auch sehr zuversichtlich, dass wir in Deutschland das Know-how und die Gremien haben, hier ein State-of-the-art-Modell zu entwickeln. Mit der Mediennutzung ist aber nur ein Teil der strategischen Kommunikationsplanung abgedeckt, die Intermedia-Datei kann hier nur eine – essenzielle – Basis bilden.

Wie sieht aus Ihrer Sicht die ideale Aufgabenverteilung zwischen Unternehmen, Agenturen und Vermarktern aus?

Müller: Die Intermedia-Datei voranzutreiben und die entsprechenden Ressourcen bereitzustellen, ist meines Erachtens Aufgabe der Vermarkter. Agenturen und Unternehmen begleiten wie gehabt den Prozess, um Neutralität sicherzustellen. Kundenindividuelle Werbewirkungsforschung sollte das Hauptaugenmerk der Agenturen zur permanenten Optimierung der Planung und Umsetzung sein. Werbetreibende müssen sich wieder stärker in diesen Prozess involvieren und bei den Einkaufsthemen die entscheidende Rolle spielen. Zielgruppenforschung und Werbemitteltests können ebenfalls nicht delegiert werden.

Welche Währungsthemen sollte die Branche unbedingt klären?

Müller: Neben der Intermedia-Datei wäre es wünschenswert, wenn wir hinsichtlich der Kontaktqualitäten einzelner Werbemittel und -träger neue Erkenntnisse bekommen würden. Hier ist seit den 80er Jahren nicht viel passiert. Meine Hoffnung ist, dass durch neuronale Methoden hier ganz neue Aspekte hinsichtlich der Informationsverarbeitung beleuchtet werden können. Bedeutet Mediamix nach wie vor, dass $1 + 1 = 3$ ist, oder ergibt es dank der Hinzunahme interaktiver digitaler Kanäle sogar 3,5? Klar ist aber auch, dass der Mensch viel zu komplex tickt, um wirklich alles erklären zu können – glücklicherweise, denn dadurch wird Marketing immer spannend bleiben!

Auf welche Forschungsthemen sollte sich die Branche Ihrer Meinung nach in Zukunft konzentrieren? Welche sind schon vollständig abgedeckt?

Müller: Kurz- und langfristige Effekte von Werbung sind ein Dauerbrenner, hier ist vieles zu vage oder aufgrund unbequemer Komplexität und Kosten in den letzten Jahren von den Akteuren „geparkt" worden. Holistische Abbildung der Mediennutzung und Impact der Kanäle sind die Prioritäten der nächsten beiden Jahre, um auf diesem Feld der Effektivitäts- und Effizienzmessung voranzukommen. Stückwerk wie „mein Werbeträger verkauft mehr als deiner" ist obsolet. Plumpes Gattungsmarketing wird glücklicherweise immer seltener. Einzelne Case-Studies von Vermarktern sind okay, um Anregungen zu geben. Wirkungsnachweise muss letztlich aber jeder Werbetreibende für jede Kampagne selbst einfordern.

Vita

Thorsten Müller ist Media & Communications Manager Central Europe bei Reckitt Benckiser in Mannheim. Zuvor war der Diplom-Medienwissenschaftler in vergleichbaren Funktionen bei „Kraft Foods" und „Danone" tätig. Seine Arbeitsschwerpunkte sind die strategische Kommunikationsplanung und Werbewirkungsforschung für schnelldrehende Konsumgüter sowie die Mitarbeit in Gremien der AGF, AG.MA, des OWM und neuerdings im Technischen Ausschuss der AIM-Initiative.

„Die klassische Media-Logik löst sich auf."

Interview mit Prof. Dr. Wolfgang Schweiger, TU Ilmenau

Aus media spectrum-Begleitheft Wiesbadener Media & Marketing Kongress 2011

Durch die Individualisierung der Medienlandschaft und der Werbemittel wird es für die Medienforschung immer schwieriger, generalisierbare Erkenntnisse zu gewinnen, so Prof. Dr. Wolfgang Schweiger von der Technischen Universität Ilmenau.

Anja Schüür-Langkau

Die Medienwelt hat sich ja in großer Geschwindigkeit verändert. Was sind für Sie die wichtigsten Veränderungen in der Mediennutzung der vergangenen Jahre?

Wolfgang Schweiger: Momentan überstrahlt das Thema Social Media alles. Es ist unglaublich, wie sich die Nutzerzahlen innerhalb von zwei Jahren entwickelt haben.

Derzeit liegen Facebook und Google bei den Page Impressions etwa gleichauf. Diese Entwicklung ist natürlich auch für die Werbetreibenden und die Mediabranche sehr spannend.

Im Augenblick weiß noch keiner so recht, wie man damit umgehen soll. Immerhin weiß man heute schon, dass klassische Display-Werbung in sozialen Netzwerken nicht so gut funktioniert.

Offen ist, wie lange dieser Trend anhält. So ist bekanntlich das Thema „Second Life", das vor einigen Jahren sehr gehypt wurde, relativ schnell verschwunden. Ich glaube aber, dass 3D-Umgebungen, vor allem getrieben durch Spiele, in den nächsten Jahren an Bedeutung gewinnen und auch für Werbungtreibende zunehmend ein Thema werden. Weitere Trends sind Mobile und die konvergente Nutzung von Medien.

Gibt es derzeit genügend Daten und Forschungsansätze, um diese Entwicklungen darzustellen?

Schweiger: Die Datenlage ist eigentlich gut. Die Forschung kann allerdings nicht vorhersagen, ob die Social-Media-Begeisterung der jüngeren Zielgruppen anhält oder ob es in den nächsten Jahren Ermüdungseffekte gibt. Klar ist aber, dass sich die Mediennutzung bei jungen Leuten im Vergleich zur Gesamtbevölkerung schon heute dramatisch verändert hat. Für einen 60-Jährigen sind immer noch Zeitung und Fernsehen die Leitmedien, und die Fernsehnutzungsdauer ist hoch. Bei den jungen Zielgruppen ist die Fernsehnutzung hingegen zurückgegangen.

Doch die Reichweite allein sagt noch nichts über die Art der Mediennutzung aus.

Schweiger: Das stimmt. So nutzen die Älteren das Internet primär wie ein klassisches Massenmedium, aber eben nur über einen anderen Kanal. Sie informieren sich beispielsweise auf Nachrichtensites der großen Medien. Junge Leute vertrauen der Kompetenz von Medienmachern immer weniger, sondern verlassen sich auf ihre Freunde oder ihre Peergroups im

Social Web. Damit ist die eigentliche Aufgabe von Journalisten als Gate Keeper langfristig bedroht.

Welche gesellschaftlichen Konsequenzen hat diese Entwicklung?

Schweiger: Die gesellschaftlichen Konsequenzen sind riesig. Die Aufgabe der Medien ist, neben Information und Unterhaltung, ja auch die Integration der Gesellschaft, das heißt unterschiedliche Gesellschaftsgruppen mit gleichen Informationen und Gesprächsthemen zu bedienen. Dies ist im Social Web nicht mehr gefragt. Auch das Fernsehen hat seine Integrationsfunktion verloren. Die einzigen Formate, die in verschiedenen Gruppen der Gesellschaft funktionieren, sind Fußballübertragungen. Selbst das letzte verbliebene Familienformat „Wetten dass" steht bekanntlich derzeit zur Disposition. In einer Social-Media-Welt haben wir isolierte Segmente in der Gesellschaft, die sich nur noch intern ihre Dinge weiterempfehlen. Dabei kommen Schicht- und Milieuvariablen sowie das Thema Bildung deutlicher zum Tragen als bisher. Die Folge ist, dass den Menschen zunehmend der gesamtgesellschaftliche Überblick fehlt. Betrachtet man die Situation positiv, könnte man schlussfolgern, dass die Navigation durch die Medienwelten nun deutlich effizienter wird. Dies lässt sich mit dem Begriff Social Navigation bezeichnen. Es ist perfektes Empfehlungsmarketing, wenn Menschen nur noch ihrem direkten sozialen Umfeld vertrauen, und es ist sicher effizient, wenn sich Menschen nur noch mit Themen beschäftigen, die sie wirklich interessieren. Gesellschaftlich gesehen überwiegen aber vermutlich die negativen Auswirkungen.

Wie beurteilen Sie den Forschungsstand zum Thema Social Media?

Schweiger: Bisher liegen nur ganz wenige Forschungsergebnisse vor. Ich gehe davon aus, dass es in einem Jahr eine richtige Explosion an Befunden geben wird. Ein Indiz dafür ist die Themenwahl der Abschlussarbeiten an den Universitäten in unserer Fachrichtung. Die Studierenden stürzen sich mit großem Eifer auf Social Media. Dabei geht der Trend weg von Befragungen und Selbstauskünften hin zu Beobachtungstools und kreativen Sammlungen vorhandener Daten im Netz.

Dass die klassischen Medien durch die Digitalisierung nicht völlig verschwinden, ist eine Binsenweisheit. Aber wo werden sie zukünftig ihren Platz haben?

Schweiger: Meiner Ansicht nach ist die Trennung zwischen Online- und Offlinemedien ohnehin nicht mehr zeitgemäß. Der Unterschied liegt primär darin, ob die Medien dem Nutzer ein fest vorgegebenes Bouquet an Inhalten liefern oder ob sie als interaktive, nutzergesteuerte Angebote funktionieren. Es ist nicht entscheidend, ob eine Tageszeitung auf Papier gedruckt wird oder auf irgendeinem Computerdisplay lesbar ist. Das große Problem für die Medienschaffenden ist dabei, dass es immer schwerer wird, den Nutzer bzw. Leser oder Seher an das eigene Angebot zu binden. Bisher wurde eine Zeitung abonniert, und der Leser hat sich dauerhaft für ein bestimmtes Medienprodukt entschieden. Im Netz sind die Nutzer mit einem Klick woanders. Vor diesem Hintergrund werden Marken, auch Medienmarken, eine noch stärkere Rolle spielen als bisher. Ich glaube, viele lokale, regionale, nicht so leistungsfähige Medienmarken und Unternehmen werden in den nächsten Jahren große Probleme kriegen.

Bei der Zeitung steht ja vor allem das Problem der Refinanzierung im Vordergrund.

Schweiger: Sicher. Ich befürchte aber, dass hier ein grundsätzlicher Strukturwandel in der Bevölkerung stattfindet, dass die Menschen generell weniger bereit sind, für Nachrichten Geld zu bezahlen. Da müssen die Anbieter schlichtweg andere Koppelgeschäfte oder Mischfinanzierungen finden. Es gibt in einigen Verlagen ja schon Ansätze, das Kerngeschäft über redaktionsferne Angebote wie Leserreisen oder Ähnliches zu refinanzieren. Dabei hilft natürlich eine starke Marke.

Welche Auswirkungen hat die Veränderung der Mediennutzung denn generell auf die Werbewirkung?

Schweiger: Das lässt sich sicher nicht pauschal beantworten, doch insgesamt wird immer wieder beklagt, dass klassische Werbung nicht mehr so effektiv ist wie früher. Und der Wunsch nach zielgerichteter Kommunikation spielt dem Targeting in die Hände. Vor diesem Hintergrund wird die Mediaforschung in den nächsten Jahren an Bedeutung zunehmen. Die Zukunft wird noch datengetriebener sein, ob uns das nun gefällt oder nicht. Wir werden unsere Zielgruppen oder den einzelnen Nutzer, dem wir tatsächlich eine Botschaft zuschicken, genau kennenlernen müssen. Ein weiterer Trend ist, dass die Grenzen zwischen Werbung, PR und Direktmarketing verschwimmen.

Wie wichtig ist in fünf Jahren das Thema Reichweite, um Marken zu bilden?

Schweiger: Reichweite bleibt auch zukünftig wichtig für die Markenbildung. So dramatisch wird sich die Medienwelt in den nächsten fünf Jahren nicht ändern. Die Frage ist, wie sich die Reichweiten der klassischen Massenmedien wie Fernsehen langfristig verändern. Die meisten unserer Studenten haben schon heute keinen Fernseher mehr. Sie nutzen die Mediatheken und gehen zu YouTube. Und letztlich lässt sich Reichweite auch über die Onlinemedien herstellen, wenn man entsprechend viele Seiten bucht.

Was kann die Grundlagenforschung generell leisten?

Schweiger: Für Praktiker wird sie sicher nie Kochbuchqualität haben. Erschwerend kommt hinzu, dass sich die klassische Media-Logik langsam auflöst, je individueller die Werbung auf die Zielperson zugeschnitten ist. Es gibt immer weniger Werbemittel von der Stange, womit die Möglichkeiten generalisierbarer Aussagen weiter sinken. Und Evaluationsstudien können auch nur ein bestehendes Projekt evaluieren und nur wenig Transferwissen produzieren. Deshalb wird die Werbewirkungsforschung auch immer schwieriger. Wir als universitäre Forscher sind deshalb immer sehr froh über Anregungen aus der Praxis. Die Praktiker haben naturgemäß einen ganz anderen Hintergrund und kommen mit hochspannenden und inspirierenden Fragestellungen zu mir, die wir an der Uni entweder direkt beantworten oder in eine allgemeine Forschungsfrage transformieren und erforschen können. Hier können wissenschaftliche Forschung und Praxis zukünftig noch stark voneinander profitieren.

Vita

Prof. Dr. Wolfgang Schweiger lehrt seit Oktober 2009 Public Relations mit dem Schwerpunkt Technikkommunikation am Institut für Medien und Kommunikationswissenschaft der Technischen Universität Ilmenau. Zuvor hatte er zwei Jahre eine Vertretungsprofessur am Institut für Kommunikationswissenschaft der Technischen Universität Dresden inne. 2004/2005 war er als Gastprofessor am Department of Communication Science der Katholieke Universiteit Leuven in Belgien beschäftigt. Wolfgang Schweiger hat Kommunikationswissenschaft, Politik und Rechtswissenschaft an der Universität München studiert und promovierte und habilitierte am dortigen Institut für Kommunikationswissenschaft und Medienforschung.

Mobilfunk ist ein globaler Megatrend

Interview mit Christoph Keese, Axel Springer

Christoph Keese, Konzerngeschäftsführer Public Affairs bei Axel Springer, erläutert die globalen Trends der Medienmärkte und die Chancen für Medienhäuser und Werbekunden.

Anja Schüür-Langkau

Herr Keese, als „Außenminister" von Axel Springer kümmern Sie sich für den Verlag unter anderem um Innovationsthemen. Was sind derzeit die wichtigsten Themen auf Ihrer Agenda?

Christoph Keese: Unser wichtigstes Thema ist die Abkehr von der Gratiskultur im Internet hin zu einer Bezahlkultur. Das ist für unsere Branche von großer strategischer Bedeutung und betrifft sowohl die Angebote, die Medien den Unternehmen machen, als auch die Infrastruktur. Im Apple-AppStore sind heute beispielsweise 70 Prozent bezahlte Inhalte und 30 Prozent kostenlose. Bei Android ist das Verhältnis zwar derzeit noch umgekehrt, aber das wird sich hoffentlich weiter entwickeln. In diesem Zusammenhang ist auch der Schutz des geistigen Eigentums, mithin das Leistungsschutzrecht der Verlage, von großer Bedeutung. Hinzu kommt, dass wir die Entwicklung internationaler Angebote wie Google, Amazon, Facebook usw. genau im Auge behalten müssen, um daraus neue Geschäfts- und Erfolgschancen für uns abzuleiten.

Können Sie dazu ein Beispiel nennen?

Keese: Amazon zum Beispiel öffnet seinen Kindle-Store mehr und mehr für Periodika und bietet Zugang auch für andere Lesegeräte als den „Kindle". Diese Entwicklung ist für Verlage sicherlich interessant.

Zu den neuen Chancen für die Verlage zählt ja auch das iPad. Ist dies das Allheilmittel, um das Thema Paid Content voranzutreiben?

Keese: Ein Allheilmittel gibt es nicht. Das iPad ist aber ein wichtiger Beitrag auf dem Weg zu einer Bezahlkultur. Es ist ein mobiles Gerät und im Mobilbereich sind es die Menschen gewohnt zu bezahlen. Sie bezahlen für SMS, für Telefonate, für MMS, für Songs und für Apps. In diesem Umfeld ist es gut möglich, Vertriebserlöse zu erzielen. Die Erfahrung zeigt, dass der Verkauf von Inhalten funktioniert, wenn die Bezahlvorgänge einfach sind. Hinzu kommt, dass das iPad eine Art des Geschichtenerzählens ermöglicht, die man bisher nur von Print kannte. Damit erlebt die sinnliche Art der Aufbereitung von Themen eine Renaissance.

Die Marktdurchdringung des iPad ist aber noch gering.

Keese: Sicher, aber das Gerät ist erst gerade auf den Markt gekommen. Mit rund 300.000 verkauften Geräten bis Ende 2010 hat aber schon ein großer Fortschritt stattgefunden.

Wie lautet Ihre Prognose hinsichtlich der Verbreitung?

Keese: Ich kann dazu keine Prognose abgeben. Professionelle Marktbeobachter gehen davon aus, dass es Mitte des Jahrzehnts insgesamt etwa 20 Millionen Tablet-Geräte in Deutschland geben wird. Das wäre eine sehr schnelle Marktdurchdringung.

Sie identifizieren weltweit die Trends der Medienmärkte. Welche Entwicklungen sind Ihnen besonders aufgefallen?

Keese: Der große weltweite Megatrend ist der Mobilfunk. Es wird nicht mehr lange dauern, bis es auf der Welt mehr Mobilfunk- als Festnetzanschlüsse gibt. Mitte dieses Jahrzehnts wird es etwa zwei Milliarden Mobilfunkgeräte geben, die an das Internet angeschlossen sind. Damit erfindet sich das Internet neu. Es verwandelt sich zu einem Medium, das uns überallhin begleitet, uns überall erreicht und es uns überall ermöglicht, zu lesen, zu spielen, Informationen einzuholen und Transaktionen zu tätigen.

Welche Länder sind hier am weitesten in ihrer Entwicklung?

Keese: Deutschland ist sicher relativ führend. In den Schwellenländern wie Indien, Brasilien oder Venezuela, die durch ihre verspätete Entwicklung das Festnetz verpasst haben, ist die Verbreitung des Mobilfunks ebenfalls rasant, weil es viel einfacher und billiger ist, Mobilfunkmasten aufzubauen, als Kabel für Festnetzanschlüsse durch den Boden zu ziehen. Länder wie diese haben schon heute einen höheren Mobilanteil als wir.

Einige Zukunftsforscher haben in den vergangenen Jahren verschiedene Szenarien entwickelt. Ein Beispiel ist, dass Fernsehbilder künftig auf jede beliebige Oberfläche projiziert werden, unsere Kühlschränke computergesteuert sind und ähnliche Dinge. Wie realistisch sind diese Prognosen?

Keese: Zukünftig wird sicher vieles möglich sein, das wir uns heute nicht wirklich vorstellen können. Die ersten Ghettoblaster, fünf Kilo schwere Kästen mit Henkel, wurden damals als sehr modern und fortschrittlich wahrgenommen, weil erstmals ein Musikabspielgerät mobil genutzt werden konnte. Ich denke, auch das iPad, das uns heute als elegantes, gut in der Hand liegendes Gerät anmutet, wird uns in fünf Jahren wahrscheinlich als ein Ungetüm aus grauer Vorzeit vorkommen. Es wird mit Sicherheit dünner und brillanter werden, weniger Strom verbrauchen und möglicherweise wie ein elektronisches Papier zu falten sein. Es gibt dafür noch keine Indizien, aber es könnte so kommen. Vielleicht wird es irgendwann auch so preiswert und flexibel, dass wir unsere Wände damit tapezieren und täglich unser Tapetenmuster wechseln können.

Was kann Deutschland von den Kommunikationsmärkten im Ausland lernen und welche Länder sollten wir besonders im Auge haben?

Keese: Ein Stichwort ist Japan. Dort ist die Breitbandverkabelung noch weiter fortgeschritten als bei uns. Das heißt, das Internet ist dort deutlich schneller. Bei uns ist im privaten Bereich ein 25er oder 50er VDSL-Anschluss derzeit das Maximum. In Japan sind dagegen Highspeed-Leitungen Standard. Das schränkt die Nutzungsmöglichkeiten in Deutschland ein. Deutschland droht ins Hintertreffen zu geraten. Weiter können wir lernen, wie stark Spiele der Treiber für technologische Entwicklungen im Mobilfunkbereich sein können. In den USA kann man beobachten, wie eine Mischung aus Software- und Hardware-Innovationen dazu führt, dass ein Kreativitätscluster wie das Silicon Valley einen immer größeren Anteil der Bruttowertschöpfung an sich zieht. Viele Wertschöpfungsstufen, die bisher in Europa erbracht wurden, wandern in die USA ab, weil dort das Innovationspotenzial größer ist.

Sie sagten bei anderer Gelegenheit, dass trotz der großen Bedeutung der Vertriebsstrategien die Medien ihr Werbegeschäft nicht vernachlässigen sollten. Gibt es auch hier im Ausland neue Ansätze?

Keese: Hier geht es um eine globale Entwicklung. Die wichtigste Werbeform, mit der wir uns intensiv beschäftigen, ist Bewegtbild. Zunehmen wird auch das Targeting, also Werbung, die auf eine spezielle Zielgruppe sehr präzise zugeschneidert wird. Dann wird es künftig kontextsensitive Display-Werbung im Internet geben, also Anzeigen, die erkennen, in welchem Umfeld sie stehen, und die auf ein bestimmtes Suchwort hin gestaltet werden können. Auch Local Services werden zunehmend wichtiger. Hier ergeben sich besonders für die Regionalzeitungen Chancen. Bei all diesen Themen darf aber nicht vergessen werden, dass wir klassische Medien nach wie vor für den Marken- und Imageaufbau brauchen.

Vita

Christoph Keese ist seit 2008 Konzerngeschäftsführer Public Affairs der Axel Springer AG, wo er zuvor bereits Chefredakteur der „Welt am Sonntag" und Chefredakteur von „Welt online" war. Zur Axel Springer AG kam der Wirtschaftswissenschaftler und Absolvent der Hamburger Journalistenschule/Henri-Nannen-Schule von der „Financial Times Deutschland" (FTD) zu deren Gründern er auch gehört. Davor war er Geschäftsführender Redakteur und Ressortleiter Wirtschaft bei der „Berliner Zeitung". Nach Universität und Journalistenschule hatte Christoph Keese zunächst bei Gruner + Jahr als Assistent des Vorstandsvorsitzenden Gerd Schulte-Hillen gearbeitet.

„Es gibt keinen größeren Erlöshebel als Paid Content."

Interview mit Gregor Waller, Frenemies Consulting

Aus media spectrum 6/7 2012

Gregor Waller, CEO bei Digital Age Consulting und Principal Consultant bei der WAN-IFRA-Beratung Frenemies Consulting, über die Chancen von Paid Content.

Isabel Kiely

Warum experimentieren in Deutschland immer mehr Verlage mit Paid Content?

Gregor Waller: Die Printauflagen erodieren bekanntlich seit 2000. Das wirtschaftlich Schlimmste ist aber, dass nach dem Verlust eines Großteils der Print-Rubrikenerlöse sich nun auch die Display-Werbung von Printmedien zu digitalen Medien verschiebt. Und selbst das Wachstum bei Online-Anzeigenerlösen, an das sich Zeitungsmanager und Online-Chefs immer geklammert haben, kommt zukünftig bei News-Sites nicht mehr an, weil Facebook immer größere Marktanteile des digitalen Anzeigenmarkts absorbiert. Klar ist, dass Paid Content das einzige Geschäftsmodell ist, das potenziell die erforderliche Größe hat, um die aktuellen Rückgänge der Print-Display-Erlöse sowie die zu erwartenden Rückgänge bei den Online-Display-Erlösen aufzufangen.

Warum gibt es dann hierzulande so wenige etablierte Online-Bezahlmodelle?

Waller: Man liest in den so genannten Fachmedien permanent, dass Paid Content nicht funktionieren kann. Deswegen wundere ich mich nicht, dass viele Zeitungsmanager von ihren eigenen Medien und Journalisten verunsichert sind und erst einmal abwarten wollten, ob und wie Paid Content bei anderen funktioniert. Inzwischen gibt es dafür aber gute Beispiele, etwa die New York Times mit ihren 454.000 Abonnenten und die London Times mit ihren 130.000 zahlenden Usern sowie die 285 meist regionalen US-Verleger, die mit ihren erfolgreichen Paywalls bekanntlich keinen Cent Online-Erlöse verloren haben.

Was macht aus Ihrer Sicht ein funktionierendes Paid-Content-Modell aus?

Waller: Grundvoraussetzung ist ein gutes journalistisches Produkt, das den Bedarf der Leser trifft. Das reicht aber nicht aus. Die Preismodelle müssen als fair empfunden werden, und der Bezahlvorgang muss einfach sein. Die Einzigartigkeit der Inhalte kommt für mich erst an zweiter Stelle. Denn meine Erfahrungen haben gezeigt: Auch wenn Nachrichteninhalte nicht immer unique sind, kann Paid Content trotzdem funktionieren. Denn die Menschen haben einen emotionalen Bezug zu ihren Nachrichten und fällen Kaufentscheidungen nicht roboterhaft, sondern nach individuellen Wertpräferenzen.

Führt die Einführung von Bezahlmodellen nicht dazu, dass der Traffic einbricht?

Waller: Erfahrungsgemäß bricht der Traffic im ersten Quartal nach Einführung einer Paywall um etwa zehn bis fünfzehn Prozent ein. Das sind die wenig loyalen Nutzer, die wenig wirtschaftlichen Wert darstellen. Ich vergleiche sie immer mit den Menschen, die nur in den Supermarkt gehen, um die kostenlosen Warenproben an der Wurst- und Käsetheke zu essen – was absolut in Ordnung ist. Der Supermarkt erzielt mit dieser Zielgruppe aber keinen Deckungsbeitrag, da sie lieber beim Discounter kauft. Dieses Kaufverhalten ist eine „Werteinstellung". Nachdem die nicht zahlungsbereiten Nutzer der Website nach Einführung einer Paywall den Rücken zugekehrt haben, stabilisiert sich der Traffic wieder. Die qualitativ hochwertige Nutzergruppe bleibt. Die Axel Springer Websites Abendblatt.de und Morgenpost.de haben durch Einführung der Paywall weder Visits noch User eingebüßt. Die beiden Websites haben sich gegenüber ihrer lokalen kostenlosen Konkurrenz sogar seit Einführung der Paywall besser entwickelt.

Welches Bezahlmodell verspricht die größten Erfolgschancen für Verlage?

Waller: Das für eine individuelle Situation richtige Modell ist immer das Ergebnis einer tiefen Analyse von digitalen Nutzermärkten und Konkurrenzangeboten. Ich glaube inzwischen, dass das Metered-Modell noch erfolgreicher sein kann als das Freemium-Modell. Die Social-Media-Marketing-Möglichkeiten sind umfassender, und die Website kann mit ihren Stärken die potenziellen Abonnenten überzeugen. Ich würde daher Nachrichtenseiten mit einer starken loyalen Nutzerbasis raten, sich das Metered-Modell gründlich anzuschauen. Auf der anderen Seite spricht vieles für ein Freemium-Modell für Websites mit einer weniger loyalen Nutzerschaft, die sich als erste Anlaufstation im Web für solche Kunden positionieren will, die das Beste aus beiden Welten auf einer Seite haben will: internationale und nationale Berichterstattung plus lokale exklusive Inhalte.

Können mit Paid Content nennenswerte Online-Vertriebsumsätze erzielt werden?

Waller: Ganz klar: Ja. Es gibt aktuell keinen größeren Erlöshebel als Paid Content. Ein faires, aus Nutzersicht einfaches und intelligentes Preismodell ist natürlich die Grundlage. Und: Die wirtschaftliche Bedeutung einer Web-Paywall zeigt sich nicht primär an den Erlösen mit abgeschlossenen Web-Abos. Sie liegt vielmehr darin, dass Verleger ihrem Inhalt erstmals einen „Wert" verschaffen – was wiederum die Voraussetzung ist, um die aus Nutzersicht noch höherwertigeren Apps zu angemessenen Preisen verkaufen zu können. Ich bin überzeugt: Nur mit bezahlpflichtigen Web-Inhalten, welche die Voraussetzung für angemessen hoch bepreiste Smartphone- und Tablet-Apps sind, kann vielfältiger unabhängiger Qualitätsjournalismus auch in Zukunft finanziert werden.

Vita

Gregor Waller ist Gründer und Geschäftsführer des Beratungsunternehmens Digital Age Consulting und Principal Consultant bei der WAN-IFRA-Beratung „Frenemies Consulting". In diesem Berater-Netzwerk von ehemaligen Top-Medienmanagern berät er weltweit Medienkonzerne bei der Entwicklung einer umfassenden Konzern-Digitalstrategie und bei der Gestaltung digitaler Geschäftsmodelle. Von 2004 bis 2011 war Waller bei der Axel Springer AG tätig. Zuletzt war er Mitglied der Geschäftsführung Abo- & Regionalzeitungen und war Leiter Strategie & Innovation sowie Leiter Controlling. Von 1998 bis 2004 verantwortete Gregor Waller bei der F.A.Z. als Beteiligungsmanager deren M&A-Aktivitäten, entwickelte kaufmännisch die FAS und faz.net, war Geschäftsführer bei zu restrukturierenden Buchverlagen sowie Prokurist bei der internationalen Anzeigenagentur der F.A.Z.

„Qualität ist das Leitmotiv unserer Strategie."

Interview mit Tobias Trevisan, Frankfurter Allgemeine Zeitung

Aus media spectrum 12 2011

Tobias Trevisan, Geschäftsführer der Frankfurter Allgemeinen Zeitung, spricht über die Entwicklung des Marktes und die digitalen Projekte der FAZ.

Anja Schüür-Langkau

Eines des größten Probleme der Zeitungen ist es, die Jugend an das Medium zu binden. Sie gehen hierzu einen ungewöhnlichen Weg und haben in Unistädten Lesecafés eröffnet. Wie kommt die Idee an?

Tobias Trevisan: Das Echo ist durchweg positiv. Ein erstes Café haben wir im Mai in München eröffnet, ein weiteres im Oktober in Bonn. Zudem gibt es zwei FAZ-Lounges in Freiburg und in Mannheim. An junge Leute heranzukommen, ist für alle Verlage ein großes Thema. Mit den Cafés wollen wir auf eine sympathische Art und Weise die Marke näher an die Zielgruppe bringen. Das gelingt uns bisher sehr gut. Andere Universitäten treten inzwischen an uns heran und bieten uns die Zusammenarbeit an. Wir sind mit der Entwicklung sehr zufrieden. Allerdings sind die Cafés nur ein Baustein in unseren Überlegungen, vermehrt junge Leute mit unserer Marke zu erreichen.

Was sind die anderen Bausteine?

Trevisan: Digitale Medien spielen natürlich eine zentrale Rolle. Entsprechend intensiv arbeiten wir an der Entwicklung elektronischer Produkte. Wir haben FAZ.net gerelauncht und vor einem Jahr eine iPhone-App auf den Markt gebracht. Im April haben wir dann die FAZ-iPad-App gelauncht, und in den nächsten Wochen starten wie die Sonntagszeitungs-iPad-App.

Bei Diskussionen über die Zukunft der Zeitung wird gerne in Richtung USA geschaut. Lässt sich die Entwicklung dort auf Deutschland übertragen?

Trevisan: Die Situation in den USA ist durch ein paar Eigenheiten des amerikanischen Marktes geprägt und auf Deutschland so nicht übertragbar. Zum einen sind in den USA viele Verlage in hohem Maße fremdfinanziert und deshalb in der Finanzkrise unter großen Druck geraten. Zum anderen ist der Auflagenrückgang bei den amerikanischen Zeitungen infolge der Internetnutzung deutlich ausgeprägter als bei uns, was sich auf einen höheren Einzelverkaufsanteil zurückführen lässt. In Deutschland schützen uns der hohe Abonnementanteil und das flächendeckende Frühzustellersystem besser vor einer Abwanderung bestehender Kunden ins Internet. Unser Problem besteht vielmehr darin, die durch die natürliche Fluktuation schwindenden Leser durch Neuabonnenten zu ersetzen. Die Onlineangebote absorbieren unser Neuabonnenten-Potenzial. Das sind Leute, die die Zeitung gelegentlich an Kiosk kaufen.

Interview mit Tobias Trevisan, Frankfurter Allgemeine Zeitung

Vor diesem Hintergrund ist ja die entscheidende Frage, wie die digitalen Inhalte künftig refinanziert werden können. Paid Content wird ja derzeit intensiv diskutiert. Haben Sie sich für die FAZ hier schon für ein Modell entschieden?

Trevisan: Das Wichtigste für uns ist zunächst, dass wir gute Produkte machen. Qualität ist dabei das Leitmotiv unserer Strategie. Das gilt sowohl für Print- als auch für digitale Angebote. Dieses Thema geht gelegentlich in der Systemdiskussion etwas verloren. Und natürlich müssen wir Wege finden, diese Qualität zu refinanzieren. Da wir glauben, dass es auch zukünftig kostenlose Angebote geben wird, halten wir eine klare Differenzierung von qualitativ hochwertigen kostenpflichtigen von austauschbaren nachrichtlichen und damit kostenlosen Inhalten für ganz wesentlich. Welches Bezahlmodell sich im Markt durchsetzen wird, muss man erstmal abwarten. Wir prüfen hier die verschiedenen Möglichkeiten. Vieles ist ein Learning by Doing.

Vom iPad versprechen sich viele Verlage große Chancen. Wie schätzen Sie die Bedeutung für die Verlage ein?

Trevisan: Das iPad bietet den Verlagen große Chancen. Mit der Einführung von kostenpflichtigen E-Paper-Angeboten auf dem iPad haben sich die meisten Verlage für eine Qualitätsstrategie entschieden. Als nächstes gilt es, die Möglichkeiten des iPads zu nutzen und die heutigen Produkte weiterzuentwickeln.

Die E-Paper-Ausgabe der FAZ kostet 1,59 Euro und ist damit etwas günstiger als die gedruckte Ausgabe. Wird es bei diesem Preis bleiben?

Trevisan: Mit diesem Preis sammeln wir derzeit im Markt Erfahrungen. Mit 1,59 Euro verfolgen wir auf dem iPad eine Hochpreisstrategie, wobei das E-Paper aufgrund der Kostenvorteile etwas günstiger ist als die Printausgabe.

Wie entwickeln sich die Nutzerzahlen?

Trevisan: Wir haben rund 6.000 E-Paper-Abonnenten im stationären Internet. Ein großer Teil davon nutzt die FAZ jetzt auf dem iPad. Einige Neukunden sind dazugekommen, doch es ist noch eine Marktausweitung im kleinen Rahmen. Dabei muss man bedenken, dass es immer noch sehr wenige Geräte im Markt gibt.

Wie sieht Ihre digitale Strategie bei der FAZ Sonntagszeitung aus?

Trevisan: Hier setzen wir auf eine dynamische App. Damit wollen wir möglichst viele Erfahrungen sammeln und die Möglichkeiten testen, die uns die Technologie bietet.

Welche Umsatz-Erwartungen haben Sie an die neuen mobilen Geschäftsfelder?

Trevisan: Derzeit setzen wir bewusst keine hochgesteckten Umsatzziele und halten dies auch für verfrüht. Wir erwarten durch die mobilen Geräte neue attraktive Werbeformate und dadurch einen Schub für den Anzeigenmarkt.

Das iPad bietet die Möglichkeit zu ganzseitigen Werbeformaten, Bewegtbild und Response. Zudem können wir durch eine Ausspielung der Profile die Streuverluste reduzieren. Die Werbewirkung kann so erheblich gesteigert werden. Das bedeutet, wir können zukünftig Werbebudget aus den Bereichen TV und Direktmarketing erschließen. Wenn die technische Reichweite erst einmal da ist, könnte sich das iPad für uns zu einem sehr interessanten Markt entwickeln.

Wie viel Prozent Ihres Umsatzes erwirtschaften Sie mit digitalen Angeboten?

Trevisan: Das digitale Geschäft trägt derzeit knapp fünf Prozent zum Umsatz bei.

Werden Sie zukünftig, wie einige andere Verlage, Ihre Geschäftsfelder jenseits des Journalismus ausweiten?

Trevisan: Der Journalismus bleibt auch zukünftig Mittelpunkt unseres Geschäfts, denn wir sehen unsere Aufgabe darin, qualitativ hochwertige, meinungsbildende Medien zu produzieren. Wir werden uns sicher nicht zu einem Handelshaus wandeln, das sich irgendwann noch ein paar defizitäre Medien leistet.

Die Marke wird primär durch die Zeitung geprägt. Aber das heißt nicht, dass wir unter der Marke FAZ oder innerhalb unserer Kernkompetenzbereiche nicht auch weitere Geschäfte aufbauen können. Ein Beispiel ist der FAZ-Index. Den gibt es schon lange, aber wir haben ihn vor ein paar Monaten gemeinsam mit zwei Partnern revitalisiert. Der FAZ-Index wird jetzt sekündlich berechnet. Damit ist es den Finanzinstituten möglich, Finanzprodukte auf dem FAZ-Index aufzusetzen. Dieses Geschäft hat nichts mit Journalismus zu tun, kommt aber aus einem Kompetenzfeld der FAZ heraus.

Wie wichtig ist das Seminargeschäft?

Trevisan: Das Weiterbildungsthema ist auch bei der FAZ ein wichtiger Bestandteil unserer strategischen Überlegungen. Der Ausbau des Seminargeschäftes gehört nicht dazu, denn dies sind aus unserer Sicht austauschbare Angebote, die nur wenig Differenzierung zulassen. Ein anderes Entwicklungsfeld ist in unserem Hause der Vertriebsbereich. Unsere Tochtergesellschaft Medienservice stellt mit Ausnahme der Süddeutschen Zeitung in Zusammenarbeit mit den Regionalzeitungen sämtliche überregionalen Zeitungen Deutschlands zu. Den Bereich beabsichtigen wir weiter auszubauen.

Kommen wir zu Print. Wie entwickelt sich aktuell die gedruckte FAZ im Anzeigenmarkt?

Trevisan: Wir hatten ein gutes erstes halbes Jahr und erleben jetzt deine deutliche Abkühlung im zweiten Halbjahr. Die Stimmung im Markt ist ins Negative gekippt.

Worauf führen Sie das zurück?

Trevisan: Ganz eindeutig auf die Unsicherheiten im Markt infolge der Eurokrise. Besonders die Finanzbranche hält die Gelder zurück. Auch die Dienstleistungs- und die IT-Branche sind rückläufig. Wachstumsraten verzeichnet derzeit die Luxusgüterindustrie. Und auch der Automobil- und der Reisemarkt sind noch stabil.

Seit Jahren klagt ja auch die Printbranche insgesamt über den hohen Konditionendruck seitens der Werbungtreibenden. Wie stark trifft das Thema die FAZ?

Trevisan: Der Druck ist da, doch wir haben gute Argumente. Die Auflage der FAZ entwickelt sich besser als bei vielen Wettbewerbern im Markt, und die Sonntagszeitung legt regelmäßig zu.

Zudem machen wir den Werbungtreibenden faire Angebote, indem wir sagen: Wer „First Class" fliegen will, zahlt auch First-Class-Preise. Wer „Economy" bucht, zahlt weniger, muss aber auch Nachteile in Kauf nehmen. Es gibt sogar „Jump Seat"-Angebote. Da sind die Restriktionen noch ausgeprägter. Unser Luxusangebot sind die Media Solutions. Hier konzipieren wir für den Kunden passgenaue Lösungen für seine Probleme. Wenn die Wirkung stimmt, ist der Kunde bereit, Geld in die Hand zu nehmen. Diese faire Praxis hat dazu geführt, dass wir unseren Marktanteil in den letzten Jahren sehr positiv entwickeln konnten.

Können Sie Zahlen nennen?

Trevisan: Wir haben 2010 im Vergleich zum Vorjahr zehn Prozent Marktanteil zugelegt, während der Gesamtmarkt stagnierte.

Ein großes Thema für die Zeitungen sind die Rubrikenmärkte. Die Verschiebung in Richtung Online ist seit Jahren bekannt. Wie hat sich der Umsatzanteil des FAZ Stellenmarktes am Gesamtumsatz entwickelt?

Trevisan: In 2001 hat die FAZ mit Stellenanzeigen 48 Prozent vom Umsatz gemacht, in 2007 noch 26 Prozent, und in 2009 ging es dann runter auf elf Prozent. Die große Herausforderung der vergangenen Jahre bestand darin, diesen immensen Rückgang auf dem Stellenmarkt durch Erlössteigerungen in anderen Bereichen oder durch Kosteneinsparungen auszugleichen. Das ist uns recht gut geglückt, wobei durch diese Entwicklung unsere Abhängigkeit vom volatilen Stellenmarkt geringer geworden ist. Damit sind wir konjunkturell weniger anfällig geworden als früher.

Laut Ihrer Bilanz haben Sie 2010 fünf Millionen Euro Gewinn gemacht. Im Vorjahr waren es noch fast 20 Millionen Euro Verlust. Wie lautet Ihre Gewinnerwartung für 2011?

Trevisan: Ich kann und ich möchte dazu keine Prognose abgeben. Die Buchungseingänge im Anzeigenmarkt sind in den letzten Wochen verhaltener geworden, und es gibt auch die ersten Stornierungen. Die Entwicklung ist auf die Euro-Krise und die Stimmung im Markt zurückzuführen. Wir müssen die weitere Entwicklung abwarten.

Wie viel Ihrer Investitionen fließen momentan in das digitale Geschäft?

Trevisan: Das ist generell projektabhängig. Derzeit investieren wir mehr als 50 Prozent in den Ausbau der iPad-Applikationen. Das kann sich aber ändern, wenn ein anderes Projekt zur Realisierung ansteht. Ich sehe auch im Printbereich Möglichkeiten, neue Produkte aufzubauen. Das haben wir mit der FAZ Sonntagszeitung selbst bewiesen. Im Onlinebereich braucht es einfach noch mehr Zeit, bis wir mit redaktionellen Angeboten gutes

Geld verdienen. Trotzdem müssen wir in den digitalen Bereich investieren, um Erfahrungen zu sammeln. Es ist nicht ein „entweder oder" sondern ein „sowohl als auch".

Vita

Foto: Wolfgang Eilmes

Tobias Trevisan ist seit 2006 Vorsitzender der Geschäftsführung der Frankfurter Allgemeine Zeitung GmbH. Der studierte Wirtschaftswissenschaftler (Universität Basel) absolvierte zunächst eine berufsbegleitende Ausbildung zum diplomierten Werbeleiter und eine Managementausbildung an der Harvard Business School. 1987 stieg er in die Verlagsbranche bei Ringier ein. Erfahrungen in der Werbebranche sammelte Trevisan als Geschäftsführer der Werbeagentur Urs Tschan in Basel und als Mitglied der Geschäftsführung der Werbeagentur Wirz. Im September 2005 wurde er in die Geschäftsführung der Frankfurter Allgemeine Zeitung GmbH berufen.

Crossmediale Reichweite soll Zeitungsvermarktung unterstützen

Interview mit Markus Ruppe, ZMG Zeitungs Marketing Gesellschaft, Frankfurt

Markus Ruppe, Geschäftsführer der ZMG Zeitungs Marketing Gesellschaft, will mit der neuen crossmedialen Print-/Onlinereichweite dem Werbemarkt zusätzliche Leistungsnachweise bieten und plant zudem Maßnahmen, um die Relevanz der Zeitung in jungen Zielgruppen zu erhöhen.

Anja Schüür-Langkau

Herr Ruppe, die ZMG hat 2011 neue Daten zu crossmedialen Print- und Onlinereichweiten der Zeitungen auf den Markt gebracht. Entsprechen die Daten Ihren Erwartungen?

Markus Ruppe: Es sind sehr gute Ergebnisse herausgekommen. Zudem freuen wir uns, dass noch mehr Zeitungsverlage mitgemacht haben, als ursprünglich angekündigt.

Wie viele sind dabei?

Ruppe: Seitens der ZMG sind 14 Titel dabei. Hinzu kommen die überregionalen Titel, die direkt in der VerbraucherAnalyse abgefragt werden.

Was ist für Sie das interessanteste Ergebnis?

Ruppe: Die regionalen Zeitungen gewinnen durch Online im Vergleich zu Print insgesamt 13 Prozentpunkte an Reichweite hinzu. Zeitungen sind heute auf verschiedenen Kanälen unterwegs. Die beiden Kanäle Print und Online sind zwar bekannt, doch nun können wir den crossmedialen Reichweitenzuwachs direkt nachweisen.

Warum ist der Nachweis für die Zeitungen so relevant?

Ruppe: Weil wir mit der reinen Printreichweite nur einen Teil der tatsächlichen Mediennutzung abbilden. Die Zeitung heute ist einfach mehr als eine gedruckte Version. Unsere Aufgabe als Gattungsvermarkter ist es, die Zeitung als Ganzes darzustellen und für eine entsprechende Transparenz im Werbemarkt zu sorgen.

Es gibt Kritiker, die darauf hinweisen, dass eine gemeinsame Reichweite von Print und Online ein Vergleich zwischen Äpfeln und Birnen ist. Diese Diskussion wird ja auch vor dem Hintergrund der intermedialen Reichweite im Rahmen der ag.ma seit Jahren intensiv geführt.

Ruppe: Meiner Ansicht nach muss hier vom Nutzer aus gedacht werden. Der Leser bzw. User möchte wissen, was in der Welt passiert. Und er greift dafür eben auf seine Zeitung zurück, egal ob gedruckt oder online. Diese veränderte Nutzung war unser Ausgangspunkt. Wir glauben, dass der Webauftritt einer Zeitung aus Nutzersicht näher an der gedruckten Zeitung ist als an anderen Webangeboten wie Web.de oder YouTube. Wir haben eher die Sorge, dass oft Online-Äpfel mit Online-Birnen verglichen werden.

Vor diesem Hintergrund wird in der ag.ma. ja vor allem über methodische Fragen diskutiert. Und hier ist die Vergleichbarkeit der Kontakte noch umstritten.

Ruppe: Sicher, aber mit unserem Vorstoß wollen wir auch keine neue Währung erfinden. Das haben wir immer betont. Wir wollen nicht in Wettbewerb zur ag.ma treten, sondern dem Werbemarkt ergänzende Informationen zur Bewertung der Werbeträger bereitstellen. Die Printreichweite und die Onlinereichweite sind in ihrer jeweiligen Fassung im Markt akzeptiert und lassen sich auch gut darstellen. Doch in der Addition funktioniert das natürlich nicht. Deshalb haben wir für unsere Kunden nach einer Lösung gesucht, wie wir die tatsächliche Reichweite darstellen können. Basis ist eine Single Source-Methode, die dann synchronisiert wird. Und genau das bietet jetzt die VerbraucherAnalyse. Die Single Source Interviews der VA werden in der Summe später mit den Reichweitenzahlen der ma und der AGOF synchronisiert, und wir können dem Werbemarkt zumindest eine Orientierungshilfe geben.

Wie ist denn die Resonanz im Werbemarkt?

Ruppe: Die persönlichen Gespräche im Vorfeld, sowohl mit den Werbungtreibenden als auch mit den Agenturen, waren sehr gut. Insofern sind wir zuversichtlich, dass die uns jetzt vorliegenden Zahlen im Markt auf positive Resonanz stoßen werden.

Erwarten Sie eine positive Auswirkung auf die Werbebuchungen der Zeitungen?

Ruppe: Ja, wir gehen davon aus, dass die Wertschätzung, die die Leser dem Werbeträger Zeitung gegenüber erbringen, noch besser vermarktet werden kann.

Glauben Sie, dass die neuen Zahlen der Vermarktung von crossmedialen Werbepaketen helfen werden?

Ruppe: Davon bin ich überzeugt. Wir wissen jetzt beispielsweise, dass Zeitungen 21 Prozent Cross-Channel-Nutzer haben, also Leute, die die Zeitung sowohl gedruckt als auch online lesen. Aus den Erfahrungen mit den Printreichweiten ist bekannt, dass fast 60 Prozent der Leser die Zeitung zweimal und öfter in die Hand nehmen.

Wir haben inzwischen drei belegbare Beispiele vorliegen, dass diese Cross-Channel-Nutzung zusätzliche Vorteile für den Werbekunden bietet: Die Wahrnehmung wird nachhaltiger. Diesen zusätzlichen Anstoß kann man als Werbetreibender nutzen, und einige tun das bereits.

Die Plattformen, auf denen die Inhalte bereitgestellt werden, sind ja sehr vielfältig. Neben den Websites der Zeitungen gibt es Mobile, Apps, Bewegtbild etc. Wie werden Sie diese Wege künftig für den Werbemarkt abbilden und die Nutzung nachweisbar machen?

Ruppe: Wir sind erstmal froh, das Thema Online integriert zu haben. Damit gehen wir jetzt in den Markt und sammeln die Resonanz ein. Unsere Währung ist hier im Augenblick der Unique User, also der Besucher der Website, unabhängig davon, welche Möglichkeiten diese Website technisch bietet. Entscheidend ist nicht, ob dem User die Informationen als Text, Foto, Audiodatei oder Bewegtbild zur Verfügung gestellt werden. Viel wichtiger ist das Vertrauen in die Marke der Zeitung, und dieses weisen wir über die Nutzung nach. Mobile ist sicher ein weiteres Thema für die Zukunft, denn schon heute sind 44 Prozent der regionalen Zeitungen auf mobilen Plattformen präsent. Doch damit beschäftigen wir uns erst im nächsten Schritt.

Glauben Sie, dass die Zeitungen mit Hilfe des neuen Nachweises auch Handelsriesen wie Aldi zurückgewinnen können?

Ruppe: Sicher ist dies ein zusätzliches Argument, wobei die Situation der Handelsunternehmen hier auch klargestellt werden sollte. Aldi beispielsweise hat im ersten Halbjahr 90 Prozent seiner bei Nielsen erfassten Werbeinvestitionen in Zeitungen investiert, und der Konzern hat geprüft, ob es für seine Ziele einen noch effizienteren Mediamix gibt. Das ist legitim. Dabei spielen auch die Themen Kostendruck und Konditionen eine Rolle. Die Zeitungshäuser haben zudem Wege gefunden, dieses Thema mit dem Kunden zu lösen. Man sollte hier die Innovationskraft der Verlage als Medienhäuser nicht unterschätzen: Mit Resthaushaltsabdeckung, sei es als Direktverteilung oder über Anzeigenblätter usw., können sie Kunden auch über das Brot-und-Butter-Geschäft der Anzeigen an sich binden.

Wie definieren Sie den Kernnutzen der Zeitung insgesamt?

Ruppe: Die wesentlichen Funktionen einer Zeitung sind, Gemeinschaft in der Gesellschaft herzustellen, Themen zu setzen und Diskussionen anzustoßen. Diese Aufgaben erfüllen die Zeitungen im Print-, Online- und Mobile-Format. Online bietet die schnelle Information ergänzt um Links mit der Möglichkeit, tiefer in Themen einzusteigen. Print bietet den Hintergrund, geht in die Tiefe, kann das Themenspektrum erweitern und den Horizont öffnen. Über Apps und Mobile-Aktivitäten lassen sich Nachrichten nahezu in Echtzeit publizieren und mit Services verknüpfen, die einen Bezug zum Aufenthaltsort haben.

Wie schätzen Sie derzeit die Gesamtentwicklung der Zeitungen ein?

Ruppe: Wir sind zufrieden. 48 Millionen Menschen lesen täglich in Deutschland eine Tageszeitung, Die Online-Reichweite der Tageszeitungen liegt derzeit bei 26 Millionen. 8,9 Millionen davon sind zwischen 14 bis 29 Jahre.

Dennoch ist die Gesamtreichweite der Tageszeitungen von 2010 zu 2011 laut ma von 69,6 Prozent auf 68,4 Prozent gesunken.

Ruppe: Ja, die Reichweite ist etwas gesunken, doch die Media-Analyse bildet eben nur Print ab. Mit der neuen Cross-Channel-Reichweite können wir das Zeitungsnutzungsverhalten wie schon gesagt nun in seiner Gesamtheit darstellen, und auf dieser Basis sind die Zahlen absolut zufriedenstellend.

Abgesehen von den Reichweiten ist es kein Geheimnis, dass die Auflagen der Zeitungen schleichend, aber kontinuierlich sinken. Kann Online hier den Sinkflug ausgleichen?

Ruppe: In den vergangenen Jahren gab es sicher einen Trend, verstärkt digitale Medien zu nutzen. Davon profitieren auch die Zeitungsmarken. Als Gesamtangebot erreichen sie laut AGOF in Mai 26,22 Millionen Unique User und stellen damit das reichweitenstärkste Angebot im Internet. Grundsätzlich geht es aber nicht darum, mit den Online-Angeboten Verluste bei Print auszugleichen. Print und Online, aber auch Mobile sind sich ergänzende Angebote, mit denen erfolgreiche Zeitungsmarken dem veränderten Nutzungsverhalten der Leser Rechnung tragen. Der Markenkern der Zeitung ist heute nicht mehr ausschließlich auf ein Trägermedium fixiert.

Welche Maßnahmen planen die Zeitungen, um die Relevanz in den jungen Zielgruppen zu erhöhen?

Ruppe: Darüber denken die Zeitungen intensiv nach. Wir werden auf jeden Fall versuchen, hier auf die Politik einzuwirken, denn ein großes Problem entwickelt sich bei bildungsfernen und einkommensschwachen Bevölkerungsgruppen.

Wo sehen Sie da Ansatzpunkte?

Ruppe: Wir haben kein Zeitungsleseproblem, sondern ein generelles Leseproblem. Die Leseförderung ist in diesem Zusammenhang ein wichtiges Thema. Untersuchungen der Stiftung Lesen zeigen, dass beispielsweise bei jungen Eltern, die keine so gute Ausbildung haben, die Bereitschaft zur Leseförderung extrem niedrig ausgeprägt ist. Hier kann die Politik ansetzen.

Welche Rolle spielen die sozialen Medien wie Facebook für die Zeitungen?

Ruppe: Sie bieten eine wunderbare Möglichkeit, um Artikel anzuteasern. Und alle Zeitungen, die damit arbeiten, machen positive Erfahrungen.

Wie schätzen Sie die Chancen der Verlage ein, mit Hilfe des iPads über Paid Content zukünftig Geld zu verdienen?

Ruppe: Das ist ein notwendiger und sehr wahrscheinlich auch erfolgversprechender Weg. Hier gibt es Beispiele aus Amerika, wo Zeitungen schon einige Erfahrungen gesammelt haben. Die New York Times verzeichnet inzwischen 224.000 digitale Abos. Axel Springer macht ebenfalls positive Erfahrungen. Hauptziel dabei ist es, Cross-Channel-Abos zu verkaufen. Das bietet auch für die Werbevermarktung neue Möglichkeiten. Denn der Wert eines Users steigt, wenn er für eine redaktionelle Leistung im Web auch bezahlt.

Vita

Markus Ruppe ist seit September 2001 Geschäftsführer der ZMG Zeitungs Marketing Gesellschaft, Frankfurt am Main. Der studierte Diplom-Volkswirt arbeitet seit 1990 im Verlagsgeschäft. Knapp sieben Jahre verbrachte er beim Süddeutschen Verlag, zuletzt als Gesamt-Anzeigenverkaufs-/-Marketingleiter der Süddeutschen Zeitung. Von 1998 bis 2001 zeichnete Ruppe als Vertriebs- und Marketingleiter des Schleswig-Holsteinischen Zeitungsverlags, Flensburg, verantwortlich , bevor er 2001 zur ZMG wechselte.

„Die Research-Zyklen sind dramatisch schneller geworden."

Interview mit Ralf Ganzenmüller, Ipsos Deutschland

Ralf Ganzenmüller, CEO von Ipsos Deutschland, spricht im Interview über die aktuellen Herausforderungen und Trends in der Marktforschung.

Isabel Kiely

Herr Ganzenmüller, was ist derzeit das wichtigste Thema für Ihre Kunden?

Ralf Ganzenmüller: Unsere Kunden spüren, dass sich die Welt verändert. Unsere Aufgabe ist es, ihnen zu helfen, sich in der immer schneller, immer komplexer und immer digitaler werdenden Welt zurechtzufinden. Die Herausforderung der Marktforschung ist, die komplexe Welt einfacher und prognostizierbarer zu machen.

Ipsos hat 2011 die britische Marktforschungsfirma Synovate übernommen. Was waren die wichtigsten strategischen Überlegungen hinter der Übernahme?

Ganzenmüller: Wir befanden uns in einer strategisch ungünstigen Mittelposition. Durch den Merger mit Synovate sind wir größer geworden. Und Größe bringt natürlich Skaleneffekte mit sich. Wir können zum Beispiel im Bereich Research & Development Kosten sparen, weil mehr spezialisierte Mitarbeiter sich um unsere Projekte kümmern. Durch die Fusion sind wir zudem in der regionalen Abdeckung erheblich besser geworden, weil wir über 15 neue Länder hinzugewonnen haben. Darüber hinaus standen sich Synovate und Ipsos auch kulturell sehr nahe. Das macht einen Zusammenschluss natürlich einfacher.

Wie weit ist die Integration vorangeschritten?

Ganzenmüller: In Deutschland ist die Integration so gut wie abgeschlossen. Wir haben Forschungsbereiche zusammengelegt und unsere Spezialisierungsphilosophie bei Synovate implementiert. Das haben wir ohne jegliche Kündigungen machen können. Dabei soll es auch bleiben. International sind wir zwar auf einem guten Weg, doch es gibt noch einiges zu tun. Die Komplexität ist in vielen Ländern einfach viel höher als in Deutschland.

Von welchen Tools aus dem Synovate-Portfolio profitiert Ipsos?

Ganzenmüller: Natürlich haben wir uns im Zuge des Zusammenschlusses alle vorhandenen Tools genau angesehen, um mit den besten Ansätzen auf dem Markt präsent zu sein. „Censydiam", ein Ansatz zur motivischen Bedürfnisanalyse, komplettiert beispielsweise unser bisher bereits umfassendes Portfolio qualitativer Lösungen. Aber das ist nur ein Beispiel. Generell betrachten wir alles, was wir haben, und picken uns das Beste heraus. Wir schauen, wo wir robustere Benchmark-Datenbanken und gegebenenfalls auch mehr Kunden haben. Dann versuchen wir, daraus das bessere Ipsos zu entwickeln. Das ist ja auch unser Claim „The Better Ipsos". Ich bin außerdem der Meinung, dass maximal 20

Prozent des Umsatzes rein toolbasiert erzielt werden. Eigentlich kaufen Kunden Problemlösungen. Und in diesem Bereich haben wir jetzt noch ein paar Möglichkeiten mehr anzubieten.

Der Konzentrationsprozess in der Marktforschungsbranche schreitet immer weiter voran. Welche Auswirkungen hat das für Ihre Kunden?

Ganzenmüller: Aus der Sicht eines Einkäufers mag es durch die Konzentration nun weniger Auswahl geben, was vielleicht den Angebots- und Preisfindungsprozess erschwert. Aber auf der anderen Seite, und diese Seite überwiegt meiner Ansicht nach deutlich, haben die Kunden viele Vorteile. Wir sind durch die Fusion von Ipsos und Synovate noch besser spezialisiert. Damit können wir besser beraten – und das auch noch in mehr Ländern. Nachteile würden sich ergeben, wenn Kunden durch das neu entstandene Institut gezwungen werden, mit neuen Tools oder neuen Mitarbeitern zu arbeiten. Wenn sie dann wieder bei null beginnen müssen, ist das natürlich schlecht. Wir wollen genau diese Nachteile vermeiden und haben auch deshalb niemanden in der Forschung entlassen.

Als Sie bei Ipsos anfingen, waren die Umsatzzahlen im deutschen Markt rückläufig. Wie haben Sie es geschafft, wieder stärker zu wachsen?

Ganzenmüller: Das war ein jahrelanger Prozess. Ich habe immer gesagt: „Kümmere dich um deine Mitarbeiter, kümmere dich um deine Kunden, dann wird der Erfolg kommen." Wir hatten davor eine Phase, in der wir uns etwas zu wenig um die Mitarbeiter und viel zu wenig um die Kunden gekümmert haben – mit fatalen Konsequenzen. Als ich anfing, haben wir stark in Aus- und Weiterbildung investiert und viele neue Leute eingestellt. Die höhere Spezialisierung hat dann natürlich auch zum Wachstum beigetragen. Der Hauptfaktor für den Erfolg war aber, dass wir uns ganz klar auf unsere Kunden und Mitarbeiter fokussiert haben.

Der Kostendruck in der Marktforschung hat sich bekanntlich verstärkt. Hat das Konsequenzen für die Forschungsqualität?

Ganzenmüller: Das glaube ich nicht. Richtig ist, dass auch ein Marktforschungsunternehmen effizient und ökonomisch wirtschaften muss. Aber natürlich darf Kostendruck nie zulasten der Qualität gehen. Die Marktforschung muss sich wieder stärker darauf konzentrieren, einen Wert für den Kunden zu erzeugen. Wenn die Ergebnisse dem Unternehmen helfen, dann tritt das Thema Kosten auch stärker in den Hintergrund.

Die Aufgaben von Marktforschungsinstituten sind in den letzten Jahren breiter geworden und haben sich in Richtung umfassende Beratung gewandelt. Wie gut sind die Institute für diese Anforderungen gerüstet?

Ganzenmüller: Viele Institute behaupten, Consultants zu sein. Ich sehe dies allerdings nicht als unsere primäre Aufgabe an. Natürlich beraten wir unsere Kunden im Sinne von „research based"-Beratung mit Hilfe von erhobenen Kennzahlen. Aber in erster Linie sehe ich uns als Marktforscher. Man tut sich keinen Gefallen, wenn man Marktforschung und Consultancy in einen Topf wirft.

Interview mit Ralf Ganzenmüller, Ipsos Deutschland

Welchen Anteil am Umsatz hat derzeit Online-Research bei Ipsos?

Ganzenmüller: Beinahe 50 Prozent der Projekte haben mittlerweile eine Onlinekomponente. Der Trend geht ganz klar in Richtung Multi-Mode-Ansätze, bei denen man den Probanden freistellt, die Befragung online zu machen oder einen Papierfragebogen zurückzuschicken. Aber die viel wichtigere Aussage bei diesem Punkt: Wir wählen Online dann, wenn Online Sinn macht. Und das ist nicht immer der Fall. Auch der Einsatz von Social Media ist nicht immer sinnvoll. Man muss in der Lage sein, die richtige Methode für die jeweilige Fragestellung auszusuchen.

Welche Potenziale sehen Sie für Ipsos noch bei den klassischen Marktforschungsmethoden?

Ganzenmüller: Im Gegensatz zu anderen Marktforschungsinstituten haben wir die klassischen Erhebungsmethoden nie infrage gestellt. Ich sehe durchaus noch Potenzial für die klassischen Erhebungsmethoden. Da, wo es Sinn macht, setzen wir sie nach wie vor erfolgreich ein.

Kann man klassische qualitative Befragungsmöglichkeiten online ersetzen?

Ganzenmüller: Nein, kann man nicht. Klassische physische qualitative Befragungen, Fokus-Gruppen oder In-Depth-Interviews wird es immer geben. Und es wird auch immer einen Bedarf dafür geben. Die neuen Methoden sind aber eine gute Anreicherung und sehr häufig auch eine interessante Alternative.

Wie viel Geld lässt sich durch den Einsatz von Online-Methoden im Vergleich zu klassischen Methoden sparen?

Ganzenmüller: Ich glaube nicht, dass man diese Frage so allgemein beantworten kann. Bei gewissen Fragestellungen können Sie unter Verwendung online-gestützter Befragungen sicherlich günstiger arbeiten als dies beispielsweise mit klassischen Face-to-Face-Befragungen der Fall wäre. Aber je spezieller die Zielgruppe ist, desto höher sind auch die Rekrutierungskosten, um diese Befragten zu erreichen. Von einer generellen Einsparung würde ich hier nicht sprechen. Ich habe zudem nicht festgestellt, dass die Profitabilität der Marktforschungswelt durch Online-Forschung dramatisch gestiegen ist.

Ändert sich denn durch Online-Research strukturell etwas bei Ipsos?

Ganzenmüller: Ja. Wir brauchen andere, technisch affinere, meistens auch jüngere Leute. Denn die Leute, die in Vergangenheit zum Beispiel in der Lage waren, im Interview ein Feld zu steuern, können nicht unbedingt auch Anweisungen für einen HTML5-Programmierer geben. Das ist übrigens auch wieder der Grund, warum wir wachsen müssen, weil wir gerne die alten Leute behalten wollen, aber mit Hilfe der jungen neuen Leute auch neue innovative Themen forcieren möchten.

Welche Bedeutung hat mobile Markforschung bei Ihnen?

Ganzenmüller: Momentan liegt der Umsatz von Mobile Research bei uns erst bei zwei bis drei Prozent. Aber Mobile Research ist einer der Megatrends der Marktforschung. Derzeit hat es noch nicht die ganz große Bedeutung, aber die wird kommen. Das Ganze lässt sich unter dem Begriff „MoSoLo (mobile, social, local)" subsumieren. Wir können mit Hilfe mobiler Endgeräte Local Research durchführen, weil wir durch sie wissen, wo sich jemand gerade aufhält. Wir können zum Beispiel genau dann eine Befragung schicken, wenn wir wissen, dass sich ein Konsument gerade am Point of Purchase oder am Point of Interest aufhält. Zudem eignen sich mobile Endgeräte auch gut für passive Messverfahren, also um herauszufinden, wie Menschen ihr Gerät genau einsetzen.

Lassen sich auf vernetzten Geräten wie dem iPad überhaupt repräsentative Umfragen mit qualitativ hohem Standard umsetzen?

Ganzenmüller: Es gilt wie immer: repräsentativ für was? Wenn Sie heute ein iPad-Panel rekrutieren, dann ist dieses Panel nicht repräsentativ für die ganze Bevölkerung. Es ist aber repräsentativ für einen sehr großen Anteil der kaufrelevanten Zielgruppen. Wir müssen unsere Kunden wie beim Einsatz jeder Erhebungsmethode dahingehend beraten, welche Befragungsart für eine spezielle Fragestellung heutzutage die richtige ist. Meines Erachtens sind beispielsweise die Zeiten 45-minütiger Telefoninterviews gezählt. Diese Art der Befragung wird häufig nicht mehr das Mittel der Wahl sein. Denn immer weniger Personen sind bereit, bei so langen Interviews mitzumachen.

Wie haben sich die Anforderungen der Kunden in den letzten Jahren sonst noch geändert?

Ganzenmüller: Die Research-Zyklen sind dramatisch schneller geworden. Die Kunden benötigen ihre Ergebnisse immer schneller. Und auch die Anforderungen an die Erreichbarkeit der Institute sind gestiegen. Es wird häufig erwartet, dass wir 24/7 erreichbar sind. Zudem müssen wir Daten immer besser miteinander verknüpfen, sei es mit Befragungen oder sekundärstatistischen Daten oder auch mit internen Daten beim Kunden.

Welche Bedeutung hat Social-Media-Forschung für Ihre Kunden?

Ganzenmüller: Das Machtgleichgewicht hat sich verschoben, weg von den Herstellern, hin zu den Konsumenten. Zudem konkurrieren Werbespots inzwischen auch mit dem Content aus Social Media, wenn es um die Aufmerksamkeit der Nutzer geht. Das sind riesige Herausforderungen, denen sich unsere Kunden stellen müssen. Wenn Marktforschungsinstitute ihnen dort helfen können, sind wir ihre Partner.

Was ist bei Social Media Research methodisch zu beachten?

Ganzenmüller: Man darf auf keinen Fall davon ausgehen, dass die Ergebnisse repräsentativ für die gesamte Bevölkerung sind. Das wäre ein großer Fehler. Beim Social Listening sollte zum Beispiel klar sein, dass es sich um Leute handelt, die sich mitteilen wollen und die häufig ganz besonders ticken. Das können, wenn es gut läuft, die Trendsetter sein. Aber man muss aufpassen, dass man nicht irgendwelchen Trends hinterherläuft, die überhaupt keine sind. Zudem sind viele Social Listening Tools nicht in der Lage, Zynismus oder Sarkasmus zu erkennen. Da muss dann wieder jemand übersetzen, ob ein Beitrag nun positiv oder negativ gemeint war.

Wie hat sich der Anteil von Qualität zu Quantität in den letzten Jahren verändert?

Ganzenmüller: Ich würde sagen, der Anteil qualitativer Forschung ist leicht steigend. Es gibt so einen Spruch: „Krisenzeiten sind gute Quali-Zeiten in der Marktforschung." Das liegt natürlich an den geringeren Budgets. Man muss dann aber aufpassen, dass die qualitative Forschung auch qualitativ gut ist.

Welche Methoden werden in den nächsten Jahren an Bedeutung gewinnen?

Ganzenmüller: Wir werden sicherlich zunehmend beobachten und messen, was wir heute noch erfragen. Ich erwarte beispielsweise nicht, dass in zehn Jahren noch häufig Leute darüber befragt werden, was sie gestern im Radio gehört haben. Ein mobiles Gerät, das jeden Tag mit dabei ist, ist viel besser geeignet, diese Information zu erheben.

Was ist so für Sie momentan die größte Herausforderung der Branche?

Ganzenmüller: Die Grenzen unseres Wachstums sind unsere Fähigkeiten, gute Mitarbeiter einzustellen und zu halten. Der „War for Talents" ist kein theoretisches Konstrukt mehr. Die Marktforschung ist immer noch nicht sexy genug. Für viele der fähigen Leute sind wir einfach nicht im Relevant Set. Das Finden von wirklich guten neuen Leuten ist aus meiner Sicht die größte Herausforderung.

Welche Themen wollen Sie in diesem Jahr vorantreiben und was sind Ihre Pläne für die Zukunft?

Ganzenmüller: Wir müssen natürlich die Kombination mit Synovate finalisieren. Zudem möchte ich in unserem Unternehmen die digitalen Themen stärker aktivieren, mehr Mitarbeiter hierfür begeistern und als Themenspektrum auf eine breitere Client-Services-Basis stellen. Der dritte Punkt ist natürlich, Wachstum zu liefern und unsere Ergebnisse zu verbessern. Wir würden dieses Jahr wieder gerne zweistellig wachsen. Das ist in dem derzeitigen wirtschaftlichen Umfeld ambitioniert genug.

Vita

Ralf Ganzenmüller ist seit 2007 CEO des Marktforschungsinstituts Ipsos Deutschland in Hamburg. Der Diplomkaufmann blickt auf eine beinahe zwanzigjährige Berufslaufbahn als Marktforscher und Marketing Manager zurück. Vor Ipsos war Ganzenmüller fünf Jahre Geschäftsführer der GfK in Schweden. Davor leitete er das Hamburger Büro von IRI/GfK Retail Services. Die Kundenseite lernte er als Trade Marketing Manager bei Bacardi kennen.

Multitasken macht dumm

Interview mit Professor Dr. Dr. Manfred Spitzer, Universitätsklinik Ulm

Professor Dr. Dr. Manfred Spitzer, Hirnforscher, Ärztlicher Direktor der psychiatrischen Universitätsklinik Ulm und Gründer des Transferzentrums für Neurowissenschaften und Lernen (ZNL), erläutert, warum wir uns durch Multitasking eine Aufmerksamkeitsstörung antrainieren.

Anja Schüür-Langkau

Herr Professor Spitzer, Sie beschäftigen sich unter anderem mit den Auswirkungen der Mediennutzung auf das Gehirn. Welche gravierenden Auswirkungen sind heute bekannt?

Manfred Spitzer: Es gibt eine Reihe von Beispielen. Im Hinblick auf ganz kleine Kinder wissen wir, dass Bildschirme und Lautsprecher nicht ausreichen, um Lernerfahrung zu bewirken. Kleine Kinder brauchen zum Beispiel einen Stift oder ein Glas und müssen Dinge mit allen Sinnen erfahren, etwas anfassen und in den Mund stecken können, hören, wie es klingt, damit sie die Welt buchstäblich begreifen können. Wir wissen heute, dass sich die verschiedenen Sinneskanäle gegenseitig abgleichen, kalibrieren und sich dadurch gegenseitig informieren. Hierfür ist es ganz wesentlich, dass der Input millisekundengenau kommt, Optik, Haptik, Klang usw. Wenn das nicht zusammenpasst, kann ein Kind mit dem Input nichts anfangen, das heißt, es lernt einfach gar nicht. Deswegen können Einjährige auch nicht über Video oder DVD das Sprechen lernen.

Gilt das nur für kleine Kinder?

Spitzer: Bei älteren Kindern (so etwa ab drei Jahren), Jugendlichen und Erwachsenen funktioniert das Lernen über Bildschirme und Lautsprecher durchaus. Aber was wird hier vor allem gelernt? Zum einen Stereotypien: Im Fernsehen sind die Frauen nahezu immer jung und schlank und die Männer immer älter und dick. Zum Zweiten lernt man Verhaltensweisen, die einem vorgeführt werden. Mit 18 haben Jugendliche im Schnitt 200.000 Gewalttaten gesehen. Sie werden dadurch gewaltbereiter und stumpfen gegenüber realer Gewalt ab. Das ist nachgewiesen.

Haben die verschiedenen Medien auch unterschiedliche Wirkungen auf das Gehirn?

Spitzer: Ja. Grundlegend aber ist, dass alles, was Sie mit Ihrem Gehirn machen, Spuren hinterlässt. Das ist die wichtigste Erkenntnis der Neurowissenschaft der letzten 20 Jahre. Das Gehirn ändert sich mit seiner Benutzung. Fernsehen ist passiv, PC-Nutzung aktiv. Es ist also ein Unterschied, ob ich einen Gewaltfilm im Fernsehen sehe oder ein Gewaltspiel spiele, denn am PC wird aktiv geübt. Betrachten wir ein weiteres Beispiel. Lesen ist ein sehr aktiver Prozess und gehört zum Schwierigsten, was unser Gehirn zu leisten imstande ist. Beim Lesen muss man Symbole decodieren und hierbei das gesamte Weltwissen verwenden, um aus komplexer Grafik Bedeutungen zu generieren. Das menschliche Gehirn ist dabei zum Lesen etwa so gut gebaut wie ein Traktor zum Formel-1-Fahren. Im Hinblick auf digitale Medien gilt, dass das Online-Lesen nicht das Gleiche ist wie etwa das Lesen eines Buches. Das Buch gibt dem Leser eine Struktur vor. Beim Online-Lesen ist die Chance, dass ein größerer Spannungsbogen des Verstehens aufgebaut wird, geringer, denn durch das Geblinke, die Werbung und die ganzen Links werden wir abgelenkt und können daher ein Ziel nicht so gut verfolgen.

Im Zusammenhang mit digitalen Medien wird Multitasking ja oft als positive Kompetenz beschrieben.

Spitzer: Das ist absoluter Nonsens. Wissenschaftler von der University of London haben das Verhalten am Katalog der Bibliothek direkt untersucht und festgestellt, dass gerade die jungen Leute oft nicht wirklich gut mit Computern umgehen können. Es besteht zwar die weit verbreitete Meinung, dass junge Menschen gut mit dem PC umgehen können und schnell sind, weil sie überall draufklicken und alles runterladen. Aber vernünftig strategisch zu suchen, vermögen sie nicht. Die Auffassung, dass junge Menschen besonders gut Informationen im Netz suchen könnten, wird von den Autoren der Studie als „gefährlicher Mythos" bezeichnet. Es wurde eindeutig festgestellt, dass Menschen durch die Herangehensweise im Internet die Prozesse des wirklichen Verstehens, den hermeneutischen Zirkel, nicht mehr durchlaufen. Man versteht das Ganze nur über die Teile, man muss sich dies erarbeiten. Seit 150 Jahren weiß man, dass Verstehen so funktioniert. Junge Leute jedoch klicken einfach nur auf ein paar Links, und irgendwann hören sie auf, und zwar nicht dann, wenn sie fertig sind, sondern sie hören einfach auf! Das heißt, die Suche versandet, und wirklich verstanden wird nichts.

Welche Wirkung hat Multitasking auf das Gehirn?

Spitzer: Eine große. Denn durch Multitasking trainieren wir unser Gehirn in eine bestimmte Richtung. Wenn Sie dauernd versuchen, alles Mögliche gleichzeitig zu erledigen, dann trainieren Sie sich eine Aufmerksamkeitsstörung an, und diese überträgt sich dann auch auf anderes. Hinzu kommt: Das Gehirn ist störbar. Das heißt, wenn Sie dauernd gestört werden, weil Sie eben 24 Stunden online sind, hat das Gehirn keine Auszeit mehr, um etwas zu verarbeiten. Dann sind Sie de-optimiert im Hinblick darauf, was Sie sich merken möchten. Nicolas Carr und andere Heavy User, die dauernd online sind, beschreiben, dass sie es nicht mehr schaffen, ein gescheites Buch zu lesen, weil es ihnen nicht mehr gelingt, einen längeren Gedanken in seinem ganzen Bogen mal im Kopf nachzuvollziehen. Das haben die sich dann abtrainiert. Denken ist mehr als Schnipsel sortieren, Denken ist ein Spannungsbogen, und genau das bekommen die Leute schlechter hin, wenn sie oft online unterwegs sind. Es gibt eine Studie aus 2009, bei der amerikanische Wissenschaftler das Multitasking in einzelne Funktionen zerlegt und dann Tests zu den einzelnen Funktionen gemacht haben. Und da kam klar heraus: Jede Funktion, die beim Multitasking wesentlich ist, wird schlechter, wirklich jede!

Können Sie ein Beispiel nennen?

Spitzer: Ein einfaches Beispiel ist folgender Test. Sie sehen zwei rote Balken auf dem Bildschirm. Dann sehen Sie kurze Zeit später die gleichen Balken noch einmal, aber einer hat sich ein bisschen gedreht. Die Probanden müssen dann durch Tastendruck angeben, ob sich der Balken gedreht hat oder nicht. Das ist total simpel. Im Test sehen Sie bei manchen Durchgängen noch zusätzlich zwei, vier oder sechs blaue Balken, die Sie aber nicht beachten sollen.

Man findet damit heraus, wie gut sich die Leute in dieser Aufgabe auf das Wesentliche – die roten Balken (und nicht die ablenkenden blauen Balken) – konzentrieren können. Der Test wurde mit einer Gruppe von Heavy-Multitaskern und Light-Multitaskern im Vergleich durchgeführt. Es stellte sich heraus: je mehr Ablenkung auf dem Bildschirm, desto schlechter die Heavy-Multitasker. Bei den Light-Multitaskern gab es diesen Effekt nicht. Insgesamt zeigte die Studie, dass die Heavy-Multitasker alles, was man zum Multitasken braucht, schlechter können als die Light-Multitasker. Mit anderen Worten: Wenn Sie noch keine Aufmerksamkeitsstörung haben, dann kriegen Sie eine, wenn Sie viel multitasken.

Welche Konsequenzen ergeben sich daraus?

Spitzer: In der New York Times war schon vor einer Weile der Artikel eines Wirtschaftswissenschaftlers zu lesen, der festgestellt hatte, dass die amerikanische Wirtschaft pro Jahr 650 Milliarden US-Dollar verliert, weil die Leute dauernd multitasken. Das Schlimme dabei ist, dass Kinder schneller lernen und daher gefährdeter sind. Die PISA-Daten haben ganz klar gezeigt, dass ein Computer zuhause und in der Schule die Leistungsfähigkeit in der Schule eher verschlechtert und keineswegs verbessert. Daraus folgt: Wir brauchen eine gute Schule mit guten und genügend Lehrern. Was wir im Klassenzimmer nicht brauchen, ist irgendwelcher elektronischer Schnickschnack, der vom Lernen ablenkt. Wer das Gegenteil behauptet, trägt die Beweislast.

Wie könnte Ihrer Ansicht nach ein verantwortungsvoller Umgang mit digitalen Medien aussehen?

Spitzer: Bis ins Kindergartenalter sollten Kinder überhaupt keinen Zugang zu Computern haben. Wenn Sie kleine Kinder haben, schmeißen Sie den Fernseher raus und lassen Sie kleine Kinder nicht an Ihren Computer, das ist das Einfachste und mit Sicherheit richtig. Alles andere hat in diesem Alter die Qualität von „Anfixen", wie man im Drogenjargon sagt. Mit 15 ist die Computernutzung noch immer eher schädlich, wie die oben erwähnten Daten aus der PISA-Studie zeigten. Danach (also in der Oberstufe) schadet es wahrscheinlich nicht mehr so viel, wobei eine kritische Nutzung auf jeden Fall wichtig ist. Die These, Kinder müssten schon früh mit dem Computer anfangen, um sich einzugewöhnen, ist durch nichts belegt. Hier sind sowohl die Eltern als auch die Gesellschaft insgesamt und damit auch die Vertreter der Werbebranche in der Verantwortung.

Vita

Prof. Dr. Dr. Manfred Spitzer ist seit 1997 Ärztlicher Direktor der Psychiatrischen Universitätsklinik in Ulm. Sein Forschungsschwerpunkt ist die Psychopathologie unter Berücksichtigung neurowissenschaftlicher Konzepte und Methoden. Manfred Spitzer studierte Medizin, Psychologie und Philosophie. Er ist Diplom-Psychologe, Facharzt für Psychiatrie und promovierte in Medizin und Philosophie. 1989 folgte die Habilitation für das Fach Psychiatrie an der Universität Freiburg. Drei Forschungsaufenthalte in den USA an der Harvard University sowie der University of Oregon zwischen 1989 und 1994 prägten das weitere Werk des Wissenschaftlers an der Schnittstelle von Neurobiologie, experimenteller Psychologie und Psychiatrie.

Kapitel 2
Marketing & Markenführung

„Learn to drive before you fly."

Interview mit Dr. Jesko Perrey, McKinsey & Company, Düsseldorf

Dr. Jesko Perrey, Director im Düsseldorfer Büro von McKinsey & Company und Leiter der deutschen Marketing & Sales Practice, spricht über den ROI im Marketing und die Herausforderungen für Werbungtreibende.

Anja Schüür-Langkau

Was bedeutet die Veränderung der Medienwelt durch die Digitalisierung für das Marketing?

Jesko Perrey: Im Marketing haben sich drei Dinge verändert. Marketing ist heute viel schneller, viel komplexer und viel analytischer. Marketingverantwortliche haben es aktuell mit deutlich mehr Medien und Zielgruppen zu tun. Heute stehen Marketer vor der Aufgabe, teilweise 30 bis 40 Einzelzielgruppen und mehr als 50 Touchpoints auszusteuern. Zudem steigt die Notwendigkeit, alle Maßnahmen zu messen und ihre Wirkungen nachzuweisen. Diese Situation verändert aber nicht nur das Marketing selbst, sondern auch die Beziehung zu Kunden und die Agenturlandschaft.

Wie verändert sich denn die Rolle der Dienstleister, beispielsweise der Agenturen, angesichts der Komplexität, der ein Marketingverantwortlicher heute gegenübersteht?

Perrey: Natürlich haben die digitalen Veränderungen und die damit verbundene Komplexität Einfluss auf die Agenturen. Klar ist auf jeden Fall, dass sich die Unternehmen Gedanken darüber machen müssen, welche Rolle die Dienstleister in diesem Gesamtgeflecht künftig spielen werden. Es gibt viele, vor allem kleinere und mittelständische Unternehmen, die diese Komplexität nicht abbilden können. Sie verfügen weder über die notwendigen Budgets noch über die Kompetenzen. Deshalb müssen sie sich auf ein bis zwei kompetente Partner verlassen können, die dann die Integrations- oder nennen wir es vielleicht sogar besser Orchestrierungsleistung abbilden. Die Rolle der Agenturen wird in einer solchen Konstellation wichtiger. In großen Unternehmen hingegen sieht die Situation oft anders aus. Die Position des klassischen Agenturpartners wird eher schwächer, denn für die vielfältigen Anforderungen werden zunehmend Spezialdienstleister benötigt. Und die Orchestrierung dieser Dienstleister nehmen die Unternehmen zunehmend selbst in die Hand, statt sie einer Agentur zu überlassen. Auch gibt es in den großen Unternehmen immer häufiger Integratoren, die jetzt dafür sorgen, dass über bestimmte Segmente hinweg die verschiedenen Kanäle richtig bespielt werden.

Hängt diese Entwicklung auch mit dem Anspruch der Mediaagenturen zusammen, als autonome Großhändler Geschäfte auf eigene Rechnung mit den Medien machen zu können?

Perrey: Sicher, vor allem weil es heute eine unüberschaubare Zahl von unterschiedlichen Agenturmodellen gibt, deren Wertschöpfungsstufen nicht so klar erkennbar sind wir früher. Da liegt es sicher nahe, dass die Unternehmen das Heft wieder selbst in die Hand nehmen wollen.

Wie hat sich Ihrer Ansicht nach die Bedeutung des Marketings in den Unternehmen verändert?

Perrey: Das ist eine sehr spannende Frage. Aus meinem persönlichen Hintergrund – der Meffert-Schule – heraus bin ich der Ansicht, dass Marketing der Wachstumsmotor und Impulsgeber eines Unternehmens ist. Doch leider agieren heute längst nicht alle Unternehmen im besten Sinne marktorientiert, und auch im Rahmen der universitären Ausbildung rutscht Marketing zunehmend in Nischen ab, beispielsweise in die Kommunikationsnische. Genau das passiert auch in den Unternehmen. Marketingverantwortliche werden als Spezialisten gesehen, die sich vor allem auf das Kommunikationsmanagement konzentrieren. Die übergeordnete Funktion des Marketings, die marktorientierte Unternehmensführung, wird auf der Führungsebene oft vernachlässigt. Diese Entwicklung führte dazu, dass die Rolle des Marketings heute eher geschwächt ist. Marketing muss ohne Wenn und Aber auf Vorstandsebene angesiedelt sein. Wenn das Marketing im Unternehmen eine reine Kommunikationsfunktion hat – was in vielen Unternehmen leider heute der Fall ist – und damit zu einem Erfüllungsgehilfen degeneriert, führt das zu suboptimalen Ergebnissen, weil das Marketing von anderen Unternehmensbereichen dominiert wird und die Rolle des Schrittmachers nicht ausfüllen kann.

Ist ein Grund dieser Entwicklung, dass sich die Wertbeiträge des Marketings im Rahmen von Kennzahlen immer noch nicht adäquat darstellen lassen?

Perrey: Diese Situation ist meiner Ansicht nach ein hausgemachtes Problem. Wenn Sie den Produktionschef eines Unternehmens fragen, welche Durchlaufzeiten eine Maschine hat und was die Schraube A kostet, kann dieser sofort sagen: Die Produktion dauert 2,5 Minuten und kostet x Cent. Und keiner würde diese Expertise anzweifeln. Wenn ein Marketingchef nach solchen Kennzahlen gefragt wird, antwortet er vielfach eher vage und unpräzise. Sicher ist die Messbarkeit von Marketingleistung schwerer, aber sie ist nicht unmöglich. Wir haben heute einige komplexe ökonometrische Modelle – wir nennen das Marketing-Mix-Modelling – mit deren Hilfe sich die notwendigen Kennzahlen sehr gut abbilden lassen. Vereinfacht gesagt steht bei diesen Modellen auf der einen Seite der Input, der aus vielen verschiedenen Variablen besteht, und auf der anderen Seite der Output, beispielsweise Umsatz, Menge oder auch eine richtige Ergebnisgröße. Die Prognosefähigkeit solcher Modelle ist beeindruckend. Dennoch nutzen viele Unternehmen diese Möglichkeiten nicht. Und das führt zu dem eben beschriebenen Bedeutungsverlust des Marketings in den Unternehmen.

Das heißt, die Anwendung solcher Modelle ist das Patentrezept für das Marketing?

Perrey: Diese Modelle helfen den Markenverantwortlichen bei ihrer Argumentation, dass Marketing keine Kosten verursacht, sondern eine Investition ist, die sich für das Unternehmen lohnt. Wenn ich als Marketingverantwortlicher meinem Chef garantieren könnte, dass 100 Euro an Marketinggeld 200 Euro mehr Ergebnis bringen, würde ich dieses Geld sicher bekommen. Wenn eine solche klare Argumentation fehlt, lautet die Antwort meist „KK – Kurzfristig und Kosten" und das bedeutet, dass Marketingbudgets gesenkt werden.

Können diese Modelle denn die gesamte Kommunikationslandschaft einschließlich sozialer Netzwerke abbilden?

Perrey: Das ist natürlich eine Herausforderung, an der wir noch arbeiten müssen. Doch hier gilt meiner Ansicht nach das Motto: „Learn to drive before you fly." Das heißt, Marketer sollten zunächst ein sauberes analytisches „Cockpit" abbilden mit Themen, die sich schon heute vollständig erfassen lassen. Der Marketingchef muss sich mit drei Begriffen auseinandersetzen: Paid – Owned – Earned. Paid und Owned lassen sich relativ gut messen. Bei Earned, also Social Media, sind wir noch nicht ganz so weit, aber es gibt Ansätze. McKinsey ist gerade dabei, ein vielversprechendes Modell mit dem Namen „Social Media GRP" zu entwickeln. Auf die Kritik, wir übertrügen einen Begriff aus der alten Welt in die neue Welt, kontern wir mit dem Argument, dass wir nur Äpfel mit Äpfeln vergleichbar machen.

Was heißt das konkret?

Perrey: Konkret bedeutet dies, dass es natürlich Möglichkeiten und Techniken gibt, soziale Kontakte zu bewerten und zu messen. Die Bewertung von Kontakten aus den sozialen Netzwerken lässt sich heute schon in ein ökonometrisches Modell integrieren und mit den Effekten der klassischen Medien vergleichen. Wenn beispielsweise ein CEO über die nächste Wirtschaftskrise spricht und dies dazu führt, dass der Social-Media-Effekt sehr negativ ist, lässt sich errechnen, wie viel TV-Budget das Unternehmen investieren muss, um diesen Effekt wieder auszugleichen. Marketingbudgets werden heute teilweise schon gezielt eingesetzt, um den Wertverlust einer Marke durch Social-Media-Effekte auszugleichen.

Wie stark lässt sich die Effizienz einer Kampagne eigentlich steigern?

Perrey: Diese Frage kann man natürlich nicht pauschal beantworten. Um es noch einmal deutlich zu sagen: Viele Marketingchefs wissen sehr genau, was zu tun ist und wie sich aus einer Kampagne noch ein paar Prozent mehr herausholen lassen. Mit bestimmten Techniken sind allerdings noch größere Effizienzsteigerungen möglich. Ich möchte hierzu ein Beispiel geben: Klassische digitale Displaywerbung lässt sich mit Hilfe von professionellem Targeting deutlich optimieren. So ist es oft sinnvoller, eine Kampagne nicht vertikal, sondern horizontal über verschiedene Zielgruppen hinweg zu streuen. Solche Optimierungsmöglichkeiten werden von vielen Unternehmen und auch Agenturen noch nicht genutzt. Ein anderes Beispiel ist Search-Marketing. Hier lässt sich sehr gut optimieren, wenn man nicht die teuren Suchwörter bucht, sondern auf Alternativen ausweicht. Solche Themen muss ein Marketer entweder verstehen oder sich einen erfahrenen Partner an die Seite holen. Viele Unternehmen machen das heute natürlich schon hochprofessionell und sophistiziert, ebenso viele aber leider noch nicht – in der Umsetzung dieses Basiswissens steckt also noch eine Menge Potenzial.

Generell wächst ja die Bedeutung der performanceorientierten Kanäle. Wie bewerten Sie die Entwicklung der klassischen Medien, speziell Print?

Perrey: Die Gattung Print hat hier sicher am meisten zu kämpfen, und das wird sich zukünftig auch nicht ändern. Ich glaube aber, dass sich die Printanbieter behaupten werden, denen es gelingt, die verschiedenen Kanäle vernetzt zu bespielen und dabei insbesondere das volle Potenzial aus den digitalen Medien herauszuholen – hier gibt es ja schon gute Beispiele.

Wie bewerten Sie das Thema für TV?

Perrey: Ein Blick auf die Zahlen impliziert die Antwort schon. Die TV-Reichweiten sind stabil bzw. verlieren kaum. TV ist schon heute ein digitales Medium, dessen Möglichkeiten der One-to-One-Kommunikation noch nicht ausgeschöpft werden. Andererseits ist TV immer noch der Reichweitenbringer für eine Kampagne und wird diese Funktion auch noch länger ausfüllen können.

Wie wichtig ist heute eigentlich für den Return on Investment die Kundenorientierung?

Perrey: Professor Backhaus aus Münster hat folgendes Zitat geprägt: „Marketing ist nicht dazu da, um Kundenbedürfnisse zu befriedigen, sondern um Zahlungsbereitschaften abzugreifen." Dieses Zitat bildet die Realität des Marketers ab, der am Ende nicht daran gemessen wird, wie viele Kunden zufrieden sind, sondern wie viele Menschen das Produkt gekauft haben und wie effizient der Marketingmix war. Zwar ist Kundenorientierung in diesem Zusammenhang sicher wichtig, wird aber vielfach nur als pauschales Schlagwort verwendet. Es ist ja eigentlich selbstverständlich, dass ich mein Marketing an den Kundenbedürfnissen ausrichte. Die Frage ist, was dies konkret bedeutet. Sind für mich als Telekommunikationsanbieter beispielsweise die Bedürfnisse eines Mobilfunknutzers mit einem günstigen Zehn-Euro-Vertrag relevant, der auch noch seine Rechnung zu spät bezahlt? Oder sollte ich mein Marketing nicht lieber an Zielgruppen orientieren, die eine hohe Zahlungsbereitschaft und damit einen höheren Wert für mein Unternehmen haben? Kundenzufriedenheit korreliert natürlich mit dem Unternehmenserfolg, doch Strategie bei der Kundenorientierung muss klar im Einklang mit den Marketing- und Unternehmenszielen stehen. Dabei zählen die klassischen Kennzahlen. Es lässt sich heute sehr genau errechnen, wann der Scheitelpunkt der Kundenzufriedenheit erreicht ist und bis zu welchem Maß sich Investitionen in eine höhere Kundenzufriedenheit lohnen. Das Optimieren der Kundenzufriedenheit oder Steigern der Kundenorientierung ist auf jeden Fall kein Selbstzweck, sondern nur ein Mittel zum Zweck.

Welche Bedeutung haben Marken vor dem Hintergrund einer immer stärker fragmentierten Kommunikationslandschaft?

Perrey: Marken sind natürlich weiterhin Leuchttürme in einem immer größeren Nebel, die den Konsumenten Orientierung geben. Dennoch glaube ich, dass es Marken zunehmend schwerer haben werden, in diesem großen Nebel auch zu überleben. Das heißt, in vielen Bereichen wird die Bedeutung abnehmen und Marken werden an Strahlkraft verlieren, wenn sie nicht sehr sorgfältig geführt werden. Die Transparenz im Internet führt zunehmend zu einem physisch-funktionalen Leistungsvergleich von Produkten. Vor diesem Hintergrund sind die einzelnen Marken dann nicht mehr so relevant. Auf der anderen Seite gelingt es Unternehmen immer wieder, ihre Marken auch digital so perfekt zu spielen, dass Begehrlichkeiten beim Verbraucher geweckt werden. Mein kleiner Bruder ist beispielsweise extra nach Berlin gefahren und hat sich nachts um drei angestellt, um einer der ersten Käufer von blinkenden Reebok-Schuhen zu sein.

Müssen sich Unternehmen strukturell neu aufstellen, um den Anforderungen einer modernen Markenführung gerecht zu werden?

Perrey: Längst nicht alle Unternehmen haben ihre Strukturen den heutigen und zukünftigen Anforderungen angepasst. Ich komme hier zurück zu meinem Motto „Learn to drive before you fly". Das heißt, Unternehmen müssen zunächst definieren, was sie erreichen wollen, und dann sukzessive die entsprechenden Bereiche ausgestalten. Parallel dazu sollten Unternehmen ihr Verhältnis zu ihren Agenturen oder Dienstleistern hinterfragen und genau überlegen, wie viele interne Ressourcen tatsächlich gebraucht werden. Klar ist aber, Unternehmen brauchen heute die Expertise von Spezialisten in vielen Funktionen. Diese Fähigkeiten lassen sich nicht autodidaktisch erlernen, auch wenn sich viele Unternehmen hieran versuchen. Zudem sollten sich die Unternehmen zunächst auf Dinge konzentrieren, die sie wirklich beherrschen, und erst danach ihre Kompetenzen nach und nach ausbauen. Wer versucht, sofort auf allen Hochzeiten zu tanzen, wird sicher daran scheitern.

Vita

Dr. Jesko Perrey ist Director bei McKinsey in Düsseldorf und leitet die deutsche Marketing & Sales Practice sowie die weltweite Customer Lifecycle Management (CLM) Practice. Er ist seit 1999 Berater bei McKinsey, 2004 wurde er zum Partner und 2009 zum Director gewählt. Innerhalb von McKinsey ist Jesko Perrey Mitglied der Consumer Goods und Retail Industry Group und Leiter des globalen Funktionsbereichs Customer Lifecycle Management. Promoviert hat er an der Universität Münster in Betriebswirtschaftslehre.

Die Markenarchitektur wird immer wichtiger

Interview mit Prof. Dr. Torsten Tomczak, Universität St. Gallen

Prof. Torsten Tomczak von der Universität St. Gallen spricht im Interview über die aktuellen Veränderungen im Marketing und die Herausforderungen für Unternehmen.

Anja Schüür-Langkau

Die Veränderungen in der Medien- und Kommunikationswelt, getrieben durch die digitalen Medien, sind überall sichtbar. Wie gravierend sind diese für die Herangehensweisen im Marketing?

Torsten Tomczak: Die digitale Entwicklung hat zwangsweise massive Auswirkungen auf das Marketing. Im Grunde ist neben unserem üblichen Kommunikationsverhalten, das zuvor massenmedial und persönlich war, eine dritte Ebene hinzugekommen – die virtuelle, digitale Welt. Die Bedeutung der klassischen Massenmedien wird zugunsten der digitalen, aber auch der persönlichen Kommunikation abnehmen. Diese Entwicklung ist schon in den meisten Märkten sichtbar.

Die Vertreter aus den klassischen Medien argumentieren ja, dass sich Marken ohne die klassischen Medien nicht aufbauen lassen.

Tomczak: Ich würde das nicht so absolut formulieren wollen, aber es ist natürlich etwas Wahres daran. Viele große Marken, die heute auch die digitalen Kanäle professionell und effektiv bespielen, sind zunächst über klassische Medien aufgebaut worden. Dies wird auch in Zukunft so sein. Dennoch gab es auch schon in der Vergangenheit Marken, die ohne Massenmedien großgeworden sind. Ein Beispiel ist Mini. Die Marke hat natürlich auch ein Budget für klassische Werbung, das allerdings im Branchenvergleich sehr gering ist. Der Kern der Markenkommunikation sind Events und digitale Medien. Auch im B-to-B-Bereich gibt es einige solcher Beispiele. So steckt der führende Werkzeughersteller Hilti sehr wenig Geld in klassische Werbung und ist dennoch Marktführer in seinem Bereich. Die Voraussetzung für eine große Marke ist aber immer ein gutes Produkt, wobei der Begriff Produkt hier weit gefasst ist und Dienstleistungen, Systeme usw. einschließt.

Müssen durch die wachsende Bedeutung der sozialen Netzwerke die Regeln der Markenführung neu geschrieben werden?

Tomczak: Teils, teils. Aus wissenschaftlicher Sicht haben wir in den vergangenen Jahrzehnten viele wertvolle Erkenntnisse gewonnen, die heute noch genauso gelten wie damals. So gibt es durch Social Media eine Renaissance des guten alten Opinion-Leader-Konzepts oder das weite Feld der Attributionstheorien bietet spannende Anknüpfungspunkte. Von den Grundideen also nicht viel Neues. Aus Praxissicht gesehen ändern sich die Regeln ohne Frage. Social Media ist Real-Time. Das heißt, heute müssen Unternehmen sehr viel schneller agieren, wenn sie sich beispielsweise mit mehrstufigen Einflüssen auf die Kommunikation auseinandersetzen.

Wie beurteilen Sie die Situation im Hinblick auf die klassischen Marketingmodelle?

Tomczak: Diese Modelle bilden relevante Teile der Realität ab und bieten nach wie vor eine gute Hilfe für die Entscheidungsfindung in der Praxis. Dennoch macht es angesichts der komplexen dynamischen und weitreichenden Entwicklung natürlich Sinn, die Gültigkeit des einen oder anderen Modells zu überprüfen. So werden sicherlich in Zukunft Entscheidungs-Logiken, die im Effectuation-Ansatz wurzeln, gegenüber traditionellen, der kausalen Logik verpflichteten Ansätzen an Bedeutung gewinnen.

Werden denn Ihrer Erfahrung nach die wissenschaftlichen Erkenntnisse von der Praxis entsprechend genutzt?

Tomczak: Generell ist davon auszugehen, dass Menschen, die sich in den Unternehmen mit Marketing befassen, zumindest in Deutschland eine wissenschaftliche Ausbildung genossen haben und natürlich mit den theoretischen Erkenntnissen in Berührung gekommen sind. Aus dieser Erfahrung heraus fließt einiges in die praktische Arbeit ein. Allerdings gibt es durchaus viele Erkenntnisse, die von der Praxis ignoriert werden. Unternehmen und auch Berater könnten hier sicher noch stärker als bisher von der Wissenschaft profitieren. Allerdings sind viele wissenschaftliche Einrichtungen nur mäßig daran interessiert, das Wissen so aufzubereiten, dass es für die Praxis nutzbar ist. In der Vergangenheit hat dieser Transfer meiner Erfahrung nach besser funktioniert.

Wie lässt sich diese Situation ändern?

Tomczak: Es braucht guten Willen von beiden Seiten, und im akademischen Wettbewerb ist das schon eine Herausforderung. Doch es gibt auf beiden Seiten auch Vorreiter. Beispielsweise gibt es einige Unternehmen zum Beispiel in der Autoindustrie, die über die entsprechenden qualitativen und quantitativen Ressourcen verfügen und aktiv auf Universitäten oder auf andere Forschungseinrichtungen zugehen und langfristige Verträge schließen.

Nimmt generell die Bedeutung von Marken eher zu oder ab?

Tomczak: Die Bedeutung von Marken nimmt eindeutig zu. Entscheidender aber ist, dass sich die Art und Weise, wie man Marken managt, verändert. Vor diesem Hintergrund wird das Thema Markenarchitektur noch wichtiger. Durch die Fragmentierung der Medien und der Märkte müssen sich Unternehmen viel stärker als früher mit der Frage beschäftigen, wie man möglichst starke Dach- oder Familienmarken aufbaut, bei denen sich die Produktmarken oder Subbrands trotzdem differenzieren. Diese Fragen sind heute und in Zukunft viel entscheidender.

Wie schätzen Sie heute den Stellenwert des Marketings in den Unternehmen ein?

Tomczak: Das ist sehr unterschiedlich. Die Idee des Marketings, also marktorientierte Unternehmensführung, ist heute akzeptierter und bedeutender als früher. Dennoch haben viele Unternehmen immer noch Defizite, wenn es darum geht, die Funktion Marketing zweckmäßig im Unternehmen einzubetten. Marketing muss oft um seine Rolle im Unternehmen kämpfen und sich unter anderem gegen den Vertrieb behaupten. In anderen Unternehmen ist die Idee des Marketings in der DNA des Unternehmens angelegt und kann seine Rolle auch leichter erfüllen.

Generell ist in erfolgreichen Unternehmen die Marketingidee in der obersten Geschäftsleitung verankert. Man könnte sogar so weit gehen zu behaupten, es sei ein guter Indikator, wenn es in der Geschäftsleitung keinen CMO gibt, weil dies bedeutet, dass sich der gesamte Vorstand mit dem Thema beschäftigt.

Gelingt diese Einbettung in kleinen oder mittelständischen Unternehmen besser?

Tomczak: Ja. Kleine und mittelständische Unternehmen haben hier einen eindeutigen Vorteil, denn häufig sind die Unternehmensgründer oder die nachfolgende Generationen in leitender Position im Unternehmen tätig. Diese Unternehmerpersönlichkeiten leben häufig ihre eigenen Markenwerte und sind oft auch für das Marketing verantwortlich.

In den Großunternehmen ist hingegen die Fluktuation in den Marketingführungsebenen groß. Welche Auswirkungen haben schnelle personelle Wechsel auf den Markenwert?

Tomczak: Leider hat sich in vielen Unternehmen eine Art Söldnermentalität entwickelt. Angesteckt von der Finanzindustrie oder der Beratungsbranche versuchen viele Manager, ihren eigenen Karrierewert zu maximieren und nicht den Marken- oder Unternehmenswert. Vor diesem Hintergrund wird die Bedeutung des Markenwertes viel zu gering geschätzt. Im Extremfall ist der CEO stärker damit beschäftigt, sich selbst stärker zu positionieren als die Marke des Unternehmens. Wenn die Bedeutung des Markenwertes so gering geschätzt wird, hat das natürlich Auswirkungen auf das gesamte Unternehmen.

Wie wichtig sind die Mitarbeiter als Markenbotschafter für den Markenwert?

Tomczak: Das kommt auf das Unternehmen und die Branche an. Wenn der Dienstleistungsanteil eines Unternehmens groß ist, spielen auch die Mitarbeiter für die Marke eine zentrale Rolle. Wenn die Mitarbeiter der Rolle als Markenbotschafter nicht gerecht werden, hat das Unternehmen kaum eine Chance, eine starke Marke aufzubauen. Mit diesem Thema des so genannten Behavioral Brandings beschäftigen wir uns jetzt seit etwa zehn Jahren. Als wir anfingen, war Behavioral Branding in den meisten Unternehmen noch Terra Incognita. Heute nimmt das Thema sogar schon in Lehrbüchern ganze Kapitel ein, und einige Unternehmen haben schon spezielle Abteilungen, die sich damit beschäftigen.

Wenn Sie den Entwicklungsstand des Behavioral Brandings in den Unternehmen auf einer Skala von eins bis zehn bewerten: Wo stehen die Unternehmen heute?

Tomczak: Bei etwa zwei bis drei. Die Potenziale sind noch längst nicht ausgeschöpft.

Wie bewerten Sie derzeit die Messgrößen und -kriterien, um die Effizienz bzw. die Effektivität einer Marke zu messen?

Tomczak: Das ist ein sehr komplexes Thema. Es macht sicher Sinn, sich Ziele zu setzen und später zu messen, ob diese Ziele erreicht wurden. Dennoch sollte man sich darüber im Klaren sein, dass man immer nur Ausschnitte der Realität messen kann. Man richtet in einer komplexen, dynamischen Welt seine Taschenlampe auf irgendeinen fixen Punkt, und die wahren Gefahren, die außerhalb der Lichtquelle liegen, können so nicht wahrgenommen werden. Vor diesem Hintergrund werden der erweiterte Blick, die Flexibilität und die Bereitschaft zur Anpassung und Überarbeitung für Unternehmen immer wichtiger.

Vita

Prof. Dr. Torsten Tomczak, Professor für Betriebswirtschaftslehre und Marketing an der Universität St. Gallen, ist als Prorektor für den Bereich Forschung verantwortlich. Zudem ist Herr Tomczak Direktor der Forschungsstelle für Customer Insight der Universität St. Gallen und Direktor des Center for Innovation. Praktische Erfahrungen erwarb er in einem Handelsunternehmen und einer internationalen Werbeagentur. Torsten Tomczak ist Mitglied des Vorstandes der schweizerischen Gesellschaft für Marketing und des wissenschaftlichen Beirates des Unilever Trendforums. Im Rahmen von Forschungsprojekten arbeitet er mit zahlreichen Unternehmen zusammen, darunter BMW, Credit Suisse, Deutsche Telekom, Lufthansa, SAP und UBS. Darüber hinaus ist er Mitherausgeber der Marketingfachzeitschrift Marketing Review St. Gallen und ständiger Gastautor der Schweizer Marketingzeitschrift persönlich blau.

Foto: Hannes Thalmann

„So viel Standardisierung wie möglich – so viel Differenzierung wie nötig"

Interview mit Prof. Dr. Dr. h. c. mult. Heribert Meffert, Universität Münster

Prof. Dr. Dr. h. c. mult. Heribert Meffert über die Probleme bei der internationalen Expansion von Marken und die Chancen für deutsche Unternehmen.

Hergen Riedel

In Zeiten der Schuldenkrise stützt der private Konsum die Ökonomie. Warum sollten Unternehmen international neue Marktzugänge suchen?

Heribert Meffert: In der Tat stützt derzeit der private Konsum die inländische Konjunktur. Doch Unternehmen sollten nicht nur inländisch denken. Eine Internationalisierung der Geschäftstätigkeiten kann beispielsweise dazu beitragen, langfristig wichtige neue Wachstumsfelder zu besetzen und Risiken zu streuen. Erleichternd kommt hinzu, dass deutsche Unternehmen ihr technisches Know-how international als Wettbewerbsvorteil nutzen können. Als Positivbeispiel für eine Branche kann hier sicherlich die deutsche Automobilindustrie angeführt werden. Doch in gewissen anderen Branchen werden im Ländervergleich derartige Vorteile stetig geringer. Bei Mobiltelefonen oder Digitalkameras sind beispielsweise damalige internationale Marktführer aus Deutschland von Anbietern aus anderen Ländern überrannt worden. Hinsichtlich Mobiltelefonen müssen als die neuen Global Player ganz klar Apple oder Samsung genannt werden, die sowohl technisch als auch im Marketing Mobiltelefonherstellern wie Siemens überlegen sind.

Wie steht es um das Gütesiegel „Made in Germany"?

Meffert: „Made in Germany" ist weltweit ein immer noch anerkanntes Siegel für Qualität. Es ist eine Botschaft, die überall ankommt. Wir müssen allerdings bedenken, dass deutsche Unternehmen nicht nur international exportieren, sondern auch produzieren. Damit können nicht alle Fertigungs-Stufen das „Made in Germany"-Siegel tragen. So wandelt sich die Marketing-Botschaft häufig zu einem „Made by". Oftmals wird hier der Begriff des „German Engineering" angeführt, der auf die hinter dem Produkt liegende Herstellerkompetenz verweist.

Profitiert nur das Marketing großer Konzerne vom „Made in Germany"?

Meffert: Nein, so ist es nicht. Es gibt viele mittelständische Unternehmen, so genannte „Hidden Champions", die weltweit operieren und die das Siegel „Made in Germany" nutzen. Beispielsweise verkauft auf der einen Seite ein Unternehmen wie Claas aus dem Münsterland seine Mähdrescher weltweit. Auf der anderen Seite sind jedoch manche mittelständische Unternehmen finanziell nicht in der Lage, sich international einen Platz zu erobern. Sie erreichen den kritischen „Share of Voice" nicht. Wenn sich ein Möbelhersteller wie Interlübke beispielsweise das Ziel setzt, sich weltweit im Premium-Segment erfolgreich zu positionieren, müssen Werbung und Kommunikationsausgaben international derart budgetiert sein, dass man wahrgenommen wird. Wird zu wenig kommuniziert, verpufft das investierte Kapital weltweit.

Haben neue, kleinere Marken eine Chance im Dorf der globalen Marken?

Meffert: Es ist sicherlich schwer für neue Marken, sich weltweit zu etablieren. Doch es gibt viele Positivbeispiele. Red Bull etwa reklamiert ein Alleinstellungsmerkmal für sich. Diese Marke wird mit hoher Emotionalität international positioniert. Dank der hohen Werbeausgaben und einzigartigen Markenwerte gepaart mit einem ansprechenden Produkt konnte Red Bull sich einen wesentlichen Share of Voice erobern und so gegen Global Player wie Coca-Cola bestehen. Anders dagegen Bionade. Das Produkt wurde allein in Deutschland populär. Hier fehlte einfach die Marketing Power. Letztlich wurde Bionade an Dr. Oetker verkauft.

McDonald's ist ein Beispiel für einen Motor internationalen Marketings, die Standardisierung. Ein Hamburger schmeckt in Manhattan wie in Münster.

Meffert: Das kann ich so nicht bestätigen. Zwar sind Hamburger von McDonald's oder Burger King hinsichtlich der Zutaten und der Zubereitung weltweit identisch, sodass objektiv der gleiche Geschmack gegeben sein müsste. Dennoch ist Folgendes zu bedenken, was auf das unmittelbare Umfeld, die Atmosphäre zurückzuführen ist. Ein Hamburger in der 5th Avenue in New York schmeckt anders als ein Hamburger in Münster. Der Wein aus der Toskana mag exportiert werden. Doch wer ihn vor Ort trinkt, erlebt ihn anders. Die subjektive Wahrnehmung ist eine andere, und die prägt das eigentliche Geschmacksempfinden mit. Dies gilt es, für das internationale Marketing zu bedenken. Hier sollten Originalität und Authentizität auf die Produkte übertragen werden. Das zuvor angeführte „Made in" transferiert also nicht nur den Produktionsort, sondern auch Ambiente und Image.

Wie wichtig ist Local Business?

Meffert: Für Konsumprodukte zählt im Prinzip folgender Satz: So viel Standardisierung wie möglich, so viel Differenzierung wie nötig. Hier ist aber eine Entwicklung zu sehen. Anfang der 90er wurden Produkte und Werbung stark standardisiert, um Kosten zu sparen. Die lokale Differenzierung war damals teurer, als Skalierungseffekte der Standardisierung einbrachten. Heutzutage ist eine verstärkte Besinnung auf differenzierte, nationale Werbung zu beobachten, was beispielsweise durch vereinfachte Distributions- und Kommunikationswege wie das Internet zu begründen ist. Viele globale Kampagnen wurden in der jüngeren Vergangenheit zurückgenommen. Anbieter wie L´Oréal setzen sie zwar noch ein. Andere wie McDonald's brechen ihre Marke hingegen nationalspezifisch herunter.

Welche Chancen bieten Online-Medien?

Meffert: Auf der einen Seite sind Online-Medien für kleinere Unternehmen eine kostengünstige Möglichkeit, international ihre relevanten Zielgruppen zu erreichen. Denn im Internet kosten Marketing und Vertrieb weit weniger als physisch vor Ort. Beispielsweise verkauft ein Münsteraner Juwelier seine Kreationen nach New York und in andere Großstädte dieser Welt. Auf der anderen Seite kommen derzeit insbesondere exponierte, internationale Unternehmen nicht umhin, sich mit Blogs und weiteren Social-Media-Plattformen zu beschäftigen. Denn Konsumenten fühlen sich heutzutage oftmals als Owner of the Brand und gestalten über Diskussionen und Meinungsäußerungen auf Social-Media-Plattformen die Wahrnehmung einer Marke. Hierauf müssen Unternehmen insofern reagieren, als sie in einen konstruktiven Dialog mit den Konsumenten treten. So bildet sich eine Marke nicht mehr allein durch eine globale Kampagne, sondern vor Ort, wenn die Nutzer über sie mit ihren Freunden kommunizieren. Und das passiert nun mal immer mehr auf den einschlägigen Social-Media-Plattformen wie Facebook, Twitter und Co.

Vita

Univ.-Professor Dr. Dr. h.c. mult. Heribert Meffert ist Professor der Betriebswirtschaftslehre, insbesondere Marketing, und emeritierter Direktor des Instituts für Marketing am Marketing Center Münster (MCM) der Westfälischen Wilhelms-Universität Münster. Nach seiner Promotion und Habilitation an der Universität München folgte er 1969 einem Ruf nach Münster, wo er das erste Institut für Marketing an einer deutschen Hochschule aufbaute. Von 1995 bis 1996 hatte Prof. Meffert den Vorsitz des Verbandes der Hochschullehrer für Betriebswirtschaft e. V. inne und zählt heute zum Kreis der Ehrenmitglieder. Nach seiner Emeritierung im Jahr 2002 war Prof. Meffert bis 2005 Vorsitzender des Vorstandes der Bertelsmann Stiftung. Seit 2008 engagiert sich Prof. Meffert als Initiator des AMD-Netz NRW ehrenamtlich für die Verbesserung der Versorgungssituation von Menschen mit Sehbehinderung.

Social-Media-Maßnahmen stützen das Image von Marken

Interview mit Prof. Dr. Manfred Bruhn, Universität Basel

Der Hype ist vorbei, und die Unternehmen müssen sich nun damit beschäftigen, wie sie Social Media effizient und effektiv in die Markenführung integrieren, so Prof. Dr. Manfred Bruhn von der Universität Basel. Weiteres wichtiges Thema auf der Agenda der Unternehmen ist die Erfolgskontrolle.

Anja Schüür-Langkau

Social Media war in den vergangenen Jahren eines des beherrschenden Themen der Branche. Wie relevant ist das Thema heute?

Manfred Bruhn: Der Hype um Social Media ist inzwischen vorbei, und das ist auch gut so. Denn nun können wir anfangen zu arbeiten und uns um die relevanten Fragestellungen kümmern, beispielsweise wie wir Social Media wirklich in die Markenführung integrieren können, welche interne Organisationsstruktur zielführend ist und welche Konsequenzen die Entwicklung auf die Personalführung hat. Es sind noch sehr viele Fragen ungeklärt, für die in den vergangenen zwei Jahren keine Zeit war, weil es leider vorrangig darum ging, möglichst viele Fans auf Facebook zu finden. Hier werden sich die Prioritäten in der nächsten Zeit verschieben.

Welche Rolle hat Social Media denn derzeit im Marketingmix?

Bruhn: Das ist je nach Branche, aber auch in den einzelnen Unternehmen sehr unterschiedlich. Generell aber ist unbestritten, dass Social Media inzwischen eine feste Position im Marketingmix hat. Unternehmen kommen heute nicht mehr daran vorbei, sich mit diesem Thema auseinanderzusetzen. Dabei sind die Chancen deutlich größer als die Risiken. Es geht ja nicht nur darum, den Dialog zu fördern und zu verändern, sondern auch darum, mehr vom Kunden zu erfahren – über mein Unternehmen und auch über meine Wettbewerber. Kontrollverlust und Demokratisierung, das sind die Schlagworte, die beim Thema Risiken immer wieder fallen. Unternehmen werden sicherlich lernen, damit umzugehen, und sich auch zunehmend daran gewöhnen, ein Stück Kontrolle über ihre Marken abzugeben.

Welche Faktoren tragen denn nun zum Erfolg von Social Media bei?

Bruhn: Das Top-Thema ist sicherlich der Aspekt Relevanz für den User. Konsumenten gehen bekanntlich nicht primär in soziale Netzwerke, um sich über Marken auszutauschen, sondern um relevanten Content zu generieren. Auch die Themen Authentizität und Glaubwürdigkeit sind ebenso wie Kreativität entscheidend für den Erfolg von Social-Media-Maßnahmen. Nur wenn sich ein User mit einer Kampagne identifizieren kann, leitet er sie in seinem Freundeskreis auch weiter.

Im vergangenen Jahr haben Sie eine Studie zum Einfluss von Social Media auf die Markenstärke veröffentlicht. Zu welchen Ergebnissen sind Sie gekommen?

Bruhn: Wir haben uns unterschiedliche Branchen angesehen, darunter Telekommunikation, Automobil, Reiseportale und die Pharmabranche, und über eine Konsumentenbefragung ermittelt, wie stark Social Media auf Bekanntheit, Image und Kaufverhalten wirkt. Zusammengefasst lässt sich sagen, dass Social Media in einigen Branchen, beispielsweise bei Reiseanbietern und auch bei der Telekommunikation, einen genauso großen und teilweise sogar stärkeren Effekt auf das Image hat als klassische Kanäle. Wir haben es gegenübergestellt im Vergleich zur Mediawerbung. Beim Thema Bekanntheit liegt die Mediawerbung gemäß unserer Studie immer noch vorn. Über die Effekte auf Image und Bekanntheit lassen sich dann natürlich auch den Effekte auf das Kaufverhalten nachweisen.

Werden Sie das Thema weiterentwickeln?

Bruhn: Ja. In einem weiteren Studienprojekt beschäftigten wir uns mit dem so genannten „Buying Funnel" des Kaufverhaltens. Wir sind gerade dabei, diesen Kauftrichter um Social Media zu erweitern. Die Ergebnisse werden Sie dann auf dem Wiesbadener Media & Marketing Kongress hören.

Wie wichtig ist für Unternehmen die aktive Präsenz in sozialen Netzwerken?

Bruhn: Bevor ein Unternehmen eine aktive Präsenz im Social Web aufbaut, sollte zunächst das Monitoring gut funktionieren. Der erste Schritt in die sozialen Netzwerke beginnt mit der Beobachtung. Als Unternehmen muss ich zunächst wissen, was über mich geredet wird. Erst dann sollte man damit beginnen, eigene Dialogplattformen zu betreiben. Nichts ist schlimmer als eine Social-Media-Plattform, die brachliegt. Das bedeutet aber nicht zwingend, dass jedes Unternehmen eine Facebook-Seite braucht. Es gibt sehr viele Möglichkeiten wie beispielsweise Kunden- oder Expertenforen, die ein Unternehmen möglicherweise weiter voranbringen als ein Facebook-Auftritt.

Nimmt Web Research an Bedeutung zu?

Bruhn: Auf jeden Fall. Es werden sich in den nächsten Jahren viele neue Formen der Marktforschung entwickeln, die Unternehmen helfen, ihre Kunden noch besser zu verstehen.

Welche Konsequenzen hat das Thema für die Organisation und die Personalstruktur in den Unternehmen?

Bruhn: Die organisatorische Zuständigkeit ist höchstwahrscheinlich eines der Themen, das die Unternehmen in den nächsten Jahren besonders beschäftigen wird. Besonders die Bereiche Marketing- und Unternehmenskommunikation müssen hier neue Zuständigkeiten, aber auch Vernetzungen finden. Meiner Erfahrung nach funktioniert es derzeit in den Unternehmen am besten, die eine Social-Media-Stelle eingerichtet haben, die dann crossmedial oder als Matrix mit den verschiedenen Abteilungen verbunden ist. Wichtig ist hier die regelmäßige Abstimmung mit allen Beteiligten, wie der Marketingkommunikation, dem Customer Service und der PR-Abteilung. Ich würde Unternehmen eher davon abraten, eine ganz neue Social-Media-Abteilung zu gründen.

Gehen Sie davon aus, dass sich der Anteil, den Social Media auf den Wert einer Marke einzahlt, in den derzeitigen Modellen abbilden lässt?

Bruhn: Über die Zielgrößen Image und Bekanntheit lässt sich sicherlich auch Social Media in die Markenwertberechnung einbinden. Ich möchte aber davor warnen, Social Media als das neue Instrument zur Steigerung von Markenwerten zu positionieren. Social Media kann unterstützend wirken. Voraussetzung ist aber eine starke Marke, die in der Regel durch andere Maßnahmen groß geworden ist.

Welche relevanten Fragen stellen sich in diesem Zusammenhang der Forschung?

Bruhn: Ein großes Thema, das die Branche schon seit Jahren beschäftigt, ist die Erfolgskontrolle. Hier wird derzeit viel geforscht, aber ich glaube nicht, dass wir schon in diesem Jahr den Einfluss von Social Media auf den ROI nachweisen können. Ein weiteres wesentliches Thema ist die effektive und effiziente Integration von Social Media in den Marketingmix. Das sind wichtige Themen auf unserer Forschungsagenda in den nächsten Jahren.

Vita

Prof. Dr. Manfred Bruhn ist Ordinarius für Betriebswirtschaftslehre – insbesondere für Marketing und Unternehmensführung – an der Universität Basel, der er auch als Dekan vorsteht. Zudem lehrt er als Honorarprofessor an der Technischen Universität München. Von 1983 bis 1995 hatte Bruhn den Lehrstuhl für Marketing und Handel an der European Business School in Oestrich-Winkel inne. Die Schwerpunkte seiner Veröffentlichungen liegen auf der strategischen Unternehmensführung, der Marken- und Kommunikationspolitik, dem Relationship Marketing sowie dem Dienstleistungs- und Qualitätsmanagement. Bruhn ist Herausgeber der schweizerischen Zeitschrift für betriebswirtschaftliche Forschung und Praxis „Die Unternehmung" sowie Leiter des Masterprogramms Marketing und Betriebswirtschaft in Deutschland und der Schweiz.

Social Media revolutioniert das Marketing

Interview mit Prof. Dr. Tobias Langner, Bergische Universität Wuppertal

Aus media spectrum-Begleitheft Wiesbadener Media & Marketing Kongress 2011

Marketingverantwortliche müssen sich der neuen Medienrealität stellen und lernen, mit ihr umzugehen, fordert Prof. Dr. Tobias Langner von der Schumpeter School of Business and Economics an der Bergischen Universität Wuppertal.

Anja Schüür-Langkau

Die Medienwelt und auch der Konsument haben sich durch die Digitalisierung verändert. Was bedeutet dies für das Marketing?

Tobias Langner: Wir sprechen hier mit Recht von einer revolutionären Entwicklung, die das Marketing schon heute nachhaltig verändert hat und zukünftig noch weiter verändern wird. Allein hier in Wuppertal haben im vergangenen Monat nach Facebook-Schätzungen etwa 140.000 Nutzer auf ihren Facebook-Account zugegriffen. In Berlin sind es über eine Million, in Hamburg über eine halbe Million. Soziale Netzwerke sind für viele Menschen aus dem täglichen Leben nicht mehr wegzudenken. So prüfen beispielsweise über 30 Prozent der jüngeren US-Amerikanerinnen ihren Facebook-Account jeden Morgen direkt nach dem Wachwerden, noch bevor sie sich die Zähne putzen. Das Web 2.0 führt dazu, dass die Zielgruppen extrem untereinander vernetzt sind; ein Facebook-Nutzer verfügt im Durchschnitt über etwa 130 Freunde. Die Ausbreitungsgeschwindigkeiten, die sich hierdurch ergeben, sind exorbitant. Markenbotschaften und Produkterfahrungen, positive wie auch negative, können sich so in Windeseile verbreiten. Diese entkoppelte Kommunikation lässt sich von den Unternehmen nicht steuern. Reaktionen einzelner Konsumenten können dramatische Auswirkungen entfachen. Darüber hinaus verändert sich das Surfverhalten der Konsumenten zusehends. Während Markenauftritte früher überwiegend aktiv angesteuert wurden, nimmt heute das passive Surfen deutlich zu: Konsumenten steuern Markenauftritte immer öfter aus ihrem Social Media Account heraus an, aufgrund der Empfehlung von Freunden und Bekannten. Auf vielen Websites generiert Facebook mittlerweile mehr Frequenz als Google. Diese Entwicklungen bergen für Marken große Chancen, aber auch nicht zu unterschätzende Risiken. Ob es uns gefällt oder nicht, das Marketing muss sich dieser neuen Ausgangssituation stellen.

Worauf müssen Unternehmen im Umgang mit dieser entkoppelten Kommunikation achten?

Langner: Zunächst ist es wichtig, überhaupt zu analysieren, was mit der eigenen Marke im Web passiert. In welchem Kontext wird sie besprochen, was tauschen die Konsumenten an Erfahrungen aus, welche Valenz hat die Kommunikation über meine Marke? Das heißt, ein permanentes Webmonitoring ist heute essenziell für alle Unternehmen und Marken. Unternehmen sollten auf ihre Zielgruppen aktiv zugehen und auf ein negatives Word-of-Mouth offen und transparent reagieren. Verdeckte Maßnahmen sind nicht nur unethisch, sie können der Marke auch erheblichen Schaden zufügen, wenn sie herauskommen. Viele Unternehmen monitoren das Internet allerdings überhaupt noch nicht und werden dann von Entwicklungen überrascht.

Welche Chancen bietet das Community Building?

Langner: Es ist die große Chance, Kunden mit einem höheren Involvement in ein Netzwerk Gleichgesinnter einzubetten. Unternehmen sollten sich Gedanken machen, wie sie die konsumentenseitige Aktivität im Web gezielt für ihre Marke nutzen und das Community Building fördern können. Ziel ist es letztlich, eine Form der Markenliebe aufzubauen, die Kunden zu regelrechten Markenmissionaren macht. Unsere eigenen Forschungen zeigen: Wenn das Marketing es schafft, Markenliebe zu etablieren, entsteht ein Missionierungseifer seitens der Kunden, der weit wirkungsvoller ist als die klassische Markenkommunikation. Solche Kunden empfehlen die Marke nicht nur weiter, sondern möchten, dass ihre Freunde diese auch wirklich benutzen. Dieses Prinzip kann bei nahezu allen Marken funktionieren – sogar bei gering involvierenden Produkten wie Waschmittel.

Haben sich durch diese Veränderung der Rahmenbedingungen die Ziele des Marketings verändert?

Langner: Nein. Eine Marke muss nach wie vor Bekanntheit und ein positives Image aufbauen, um gekauft zu werden. Ausgehend von diesen beiden Zielen stellt sich die Frage, wie eine Markenbindung dauerhaft geschaffen werden kann. Ohne eine entsprechende Emotionalisierung der Marke wird dies in den meisten Fällen nicht gelingen.

Es gibt ja eine Vielzahl von Marketingmodellen, beispielsweise den Marketing-Funnel. Sind solche Modelle in Zeiten von Social Media noch hilfreich?

Langner: Ja, denn der Mensch selbst, sein Gehirn und sein Wahrnehmungsapparat haben sich nicht verändert. Die psychischen Prozesse, die bei Markenkontakten ablaufen sind die gleichen wie eh und je. Die im Marketing entwickelten Modelle stellen stets nur Annäherungen an das menschliche Verhalten dar, mit dem Ziel, das Konsumverhalten möglichst genau vorherzusagen. Da der Mensch durch das Aufkommen des Web 2.0 nicht plötzlich einen Evolutionsschub erlebt hat, brauchen wir auch nicht unsere Modelle über Bord zu werfen. Auch die Idee vieler Marken-Funnels, die auf der alten AIDA-Idee beruhen, hat mit allen ihren Stärken und Schwächen immer noch ihre Berechtigung. Klar ist aber auch, dass diese Modelle immer nur eine Annäherung an die Realität darstellen, kein Modell aber die beim Konsumenten stattfindenden komplexen Prozesse in ihrer Gänze und mit einer hundertprozentigen Sicherheit abzubilden vermag. Wir haben lediglich neue Kommunikationszugänge zu den Konsumenten, die allerdings in den bestehenden Modellen erklärt werden können.

Wo stehen denn derzeit Ihrer Ansicht nach die Unternehmen bei dem Thema Social Media?

Langner: Das lässt sich nur branchendifferenziert bewerten. Im Konsum- und im Gebrauchsgüterbereich werden Social-Media-Kanäle bereits intensiv genutzt. Bei erlebnisorientierten High-Involvement-Produkten drängt sich Social Media förmlich auf. Anders ist es in B-to-B-Branchen oder der Pharmabranche. Hier ist die Nutzung von Social Media durch Unternehmen noch nicht sehr weit vorangeschritten. Allerdings hat auch hier Social Media eine große Bedeutung. Nehmen Sie einen jungen Ingenieur oder Arzt: Für ihn gehört die Nutzung von Twitter oder Facebook zu seinem Lebensalltag. Warum sollte er sein Netzwerk nicht auch für berufliche Zwecke nutzen, was de facto auch der Fall ist? Privat- und Berufssphäre lässt sich in sozialen Netzwerken nicht wirklich trennen. Die Grenzen verschwimmen zunehmend, und das führt eben dazu, dass selbst in Branchen, in denen wir die Relevanz der kommunikativen Veränderungen zurzeit noch nicht sehen, Social Media und Web 2.0 zukünftig selbstverständlich sein werden. Unternehmen müssen aufpassen, diese Entwicklungen nicht zu verschlafen.

Wie groß ist Ihrer Einschätzung nach die Angst der Unternehmen, durch Social Media ein Stück ihrer Markenkontrolle abzugeben?

Langner: Respekt vor diesem Thema ist sicher bei vielen vorhanden. Aber Fakt ist, dass die Unternehmen die Kontrolle im Social Web schon abgegeben haben, ob sie wollen oder nicht. Unternehmen müssen damit leben, dass sie nicht die Gewalt über das haben, was über die Marke kommuniziert wird, und müssen lernen, damit umzugehen. Die entkoppelte Kommunikation, also die Kommunikation zwischen den Nutzern, die das Unternehmen nicht kontrollieren kann, ist bereits Alltag und kann einen massiven Einfluss auf die Reputation von Unternehmen haben. Wir konnten in unserer Forschung beobachten, dass schon vor der Einführung eines neuen Produktes eine massive entkoppelte Kommunikation zwischen den Nutzern aufkam, die entweder zur Ablehnung oder Annahme des Produktes führte. Bevor das Produkt also auf dem Markt war, fand bereits ein Empfehlungsmarketing statt. Interessant ist – und hier gelten wieder die bekannten Zielgrößen des Marketings –, dass starke Marken wesentlich seltener zum Gegenstand negativer entkoppelter Kommunikation werden als schwache Marken.

Die Nachweisbarkeit der Werbewirkung wird bekanntlich immer wichtiger. Haben hier die Online-Medien einen Vorteil gegenüber den klassischen Kanälen?

Langner: Onlinemedien lassen sich sehr gut tracken. Sie können Klick-Raten und Seitenaufrufe sehr leicht zählen, doch die image- und einstellungsbezogene Wirkung, die das Medium beim Verbraucher verursacht, wird dadurch nicht erfasst. Insofern bietet die Online-Kommunikation nur eine vermeintliche Sicherheit, und die Herausforderung, echte Werbewirkung zu messen, ist ebenso groß wie bei der Klassik. Online-Maßnahmen müssen im Grunde genommen genauso differenziert analysiert werden wie die klassischen Medien. Gerade beim Pre-Testing haben wir nicht erst in den letzten Jahren erhebliche Fortschritte gemacht. Wir können mit realistischen Betrachtungsbedingungen im Pre-Test die Vorhersagevalidität deutlich steigern. Das Problem ist nur, dass die Werbetreibenden oftmals nicht bereit sind, diesen Mehraufwand in der Analyse entsprechend zu honorieren. Hier würde ich mir mehr Offenheit von den Unternehmen wünschen.

Sechs unbequeme Thesen zur Zukunft des Marketings von Prof. Dr. Tobias Langner, Universität Wuppertal

Das Marketing darf nicht länger die Kommunikationsrealität seiner Konsumenten ignorieren.

Diese These betrifft ganz banale Dinge, beispielsweise, dass die Betrachtungszeiten einer DIN-A4-Anzeige in einer Publikumszeitschrift mittlerweile bei knapp unter zwei Sekunden liegen und dass das Involvement, das heißt der kognitive Tiefgang dieser Betrachtung, verschwindend gering ist. Solche Markenkontakte fliegen quasi an uns vorbei. Selbst in der Kaufphase setzen sich Konsumenten mit Marken oft nur oberflächlich auseinander. Im Marketing wird diese Rahmenbedingung beharrlich ignoriert. Da werden Anzeigen gestaltet, die nur zu verstehen sind, wenn man in den Fließtext einsteigt. Es werden Banner geschaltet, die den Betrachter vor ein Rätsel stellen. Oder es werden Websites entworfen, die der Konsument nicht versteht. Das alles sind verschenkte Kontakte.

Das Marketing muss Konsumrelevanz schaffen.

Dies ist eigentlich eine Trivialität, die selbstverständlich sein sollte. Aufgabe des Marketings ist es, dem Kunden Gründe für den Kauf einer Marke an die Hand zu geben. Diese Gründe können emotionaler oder rationaler Natur sein. Die Konsumrealität ist hier eigentlich ganz einfach: Ich kaufe einen Kaffee, weil er schmeckt, ein Auto, weil es Fahrspaß bereitet oder eine Versicherung, weil ich ihr vertraue. Die Marketingrealität sieht allerdings häufig anders aus. Da betreiben Versicherungen Branchenwerbung, indem sie dem Kunden erklären, warum man eine Haftpflichtversicherung benötigt. Völlig vergessen wird dabei, zu vermitteln, warum man gerade bei diesem Versicherer abschließen soll. Oder: Mobilfunkanbieter pumpen ihre Werbung voll mit irrelevanten Emotionen – gut ist, dass sie emotional werben; besser wäre es, Emotionen und Argumente zu nutzen, die für den Kauf der Dienstleistung auch wirklich relevant sind.

Das Marketing muss mehr Mut zur Eigenständigkeit beweisen.

Häufig werden vermeintlich sichere, aber ausgetretene Wege betreten. Aktuell gibt es beispielsweise ein riesiges Aufkommen an Celebrity-Werbung. Schätzungen gehen davon aus, dass in westlichen Industriestaaten bereits jede vierte Werbung einen Sport- oder Filmstar zeigt. Werbung mit Berühmtheiten ist allerdings ein zweischneidiges Schwert. Der erwünschte Sympathietransfer von der Person auf die Marke findet häufig nicht statt, da die Markenpassung nicht hinreichend gegeben ist oder der Prominente bereits für zu viele Marken wirbt. Das ist ein Riesenproblem für die Markenprofilierung – es ist für die Marke quasi unmöglich, sich eine eigene Positionierung aufzubauen. Effektiver und mutiger wäre es hier, eine eigene Markenfigur aufzubauen, die die Marke langfristig begleitet. Werbefiguren wie der Maître Chocolatier oder der gute alte Marlboro Cowboy sind gelungene Beispiele für eine solche Strategie.

Das Marketing muss seine „institutionalisierte Kurzfrist-Orientierung" überwinden.

Viele Marketingentscheidungen werden unter dem Blickwinkel einer Kurzfristoptimierung getroffen. Eine Marke kann man aber nicht in vier Wochen groß machen! Marken wachsen über Jahre in das Bewusstsein der Zielgruppen hinein. Wir brauchen deshalb eine echte Langfristorientierung, die aufgrund der vorherrschenden Organisationsstrukturen allerdings oft nur schwer realisierbar ist. Marken- und Produktverantwortliche wechseln zu schnell, und oftmals fehlt eine übergeordnete Instanz, die die langfristige Ausrichtung sicherstellt. Es gilt, wer länger als drei oder vier Jahre auf derselben Marke arbeitet, hat irgendetwas falsch gemacht. Ein junger Markenmanager benötigt außerdem großen Mut, den eingeschlagenen Weg seines Vorgängers weiterzuverfolgen. Sicherer ist es für ihn, neue Dinge mit der Marke auszuprobieren, um sich selbst zu profilieren. Eine erfolgreiche Markenführung erfordert allerdings Kontinuität in Strategie und Umsetzung. Ohne langfristig ausgerichtete Anreizsysteme wird dies allerdings Wunschdenken bleiben.

Marketing ist Beruf und nicht Berufung.

Allzu oft gehen enthusiastische Menschen in Marketingabteilungen oder zu Agenturen, weil sie Spaß an der Werbung haben. Das allein reicht aber nicht aus. Engagement ist notwendig, keine Frage, aber nicht hinreichend. Genauso wichtig ist die Ausbildung. Niemand würde einen Arzt aufsuchen, der Mathematik oder Geschichte anstelle von Medizin studiert hat. In Rechtsabteilungen oder dem Controlling ist es selbstverständlich, nur Mitarbeiter einzustellen, die diesen Beruf erlernt haben. Zu diesem Bewusstsein muss das Marketing erst noch gelangen. Es reicht nicht aus, eloquent zu sein und ein gutes Bauchgefühl für Ästhetik zu haben. Marketingverantwortliche brauchen Faktenwissen über Kausalzusammenhänge genauso wie sie Methodenkenntnisse benötigen und alle gängigen Management-Tools beherrschen sollten. Das Berufsfeld Marketing muss klar definiert werden. Denn: Nur kompetente Mitarbeiter machen kompetentes Marketing.

Das Marketing muss die „Chinese Wall" zwischen Wissenschaft und Praxis einreißen.

Marketingverantwortliche sollten aufhören, wissenschaftliche Erkenntnisse zu ignorieren. Es gibt mittlerweile viele hervorragende Studien, die wertvolle Schlussfolgerungen für die Marketingpraxis zulassen. Oft werden Probleme gewälzt, für die es in der Wissenschaft bereits Lösungen oder zumindest Lösungsansätze gibt. Praktiker sollten hier regelmäßig über den Tellerrand blicken. Es lohnt sich: Studien aus dem HR-Bereich zeigen, dass Mitarbeiter, die sich regelmäßig neue wissenschaftliche Erkenntnisse erschließen, deutlich erfolgreicher sind. Permanente Weiterbildung, wie sie das Konzept des lebenslangen Lernens vorsieht, wird in anderen Feldern bereits praktiziert. Im Marketing ist es eher die Ausnahme. Allerdings ist hier auch die Wissenschaft gefordert: Sie muss noch stärker daran arbeiten, ihre Erkenntnisse verständlich und nachvollziehbar in die Praxis zu transferieren.

Vita

Prof. Dr. Tobias Langner ist seit 2007 Inhaber des Lehrstuhls für Betriebswirtschaftslehre mit dem Schwerpunkt Marketing an die Schumpeter School of Business and Economics, Bergische Universität Wuppertal. Weiter ist er wissenschaftlicher Direktor des Instituts für Marken- und Kommunikationsforschung der Universität und Vizepräsident der Deutschen Wissenschaftlichen Gesellschaft (DWG). Prof. Langner forscht vor allem auf dem Gebiet der Marken- und Kommunikationsforschung, nimmt verschiedene Lehraufträge an anderen Universitäten wahr und hat zahlreiche Beiträge in Büchern, nationalen und internationalen Journals publiziert. Nach dem Studium an der Universität des Saarlandes und an der University of Newcastle upon Tyne promovierte und habilitierte er an der Justus-Liebig-Universität in Gießen.

„Vollmundige Slogans sind online wertlos."

Interview mit Ossi Urchs, Strategieberater

Ossi Urchs, Web-Urgestein und Strategieberater, über neue Lebenswelten im Web, verschlungene Pfade im Online-Marketing und schmerzhafte digitale Lernprozesse in Unternehmen.

Detlev Brechtel

Herr Urchs, kein Tag ohne News und Debatten rund um Facebook-Marketing, Crowdsourcing oder soziale Netzwerke im Internet – geht es im Online-Marketing denn nur noch um Dialog?

Ossi Urchs: Online-Marketing ist immer Dialog. Das wurde in den Anfängen allerdings gerne übersehen. Es macht schlicht und ergreifend keinen Sinn, den Menschen nur irgendwelche Botschaften um die Ohren zu hauen. Der direkte Austausch mit dem Nutzer ist es ja gerade, was Online von anderen Marketingformen unterscheidet.

Wie führt man denn so einen Dialog sinnvollerweise?

Urchs: Der Nutzer sagt auf den sozialen Plattformen im Netz ja immer wieder explizit, was ihn interessiert. Er tauscht sich mit Freunden, Bekannten und eventuell auch Kollegen in Netzwerken aus, denen er vertraut. Die Aufgabe des Online-Marketers ist nun herauszufinden, was die Menschen hinter dem Rechner eigentlich bewegt und welche entsprechenden Angebote man ihnen machen kann. Kurz: Teil dieses vertrauten und vertraulichen Austausches zu werden. Facebook & Co. sind eine unglaubliche Herausforderung für die Unternehmen. Der unmittelbare Rückkanal ist aber ebenso verheißungsvoll wie schwierig zu bearbeiten. Vor allem müssen die Unternehmen endlich mal lernen, wirklich durch die Kundenbrille zu sehen und ihren Kunden genau zuzuhören.

Werden aus Unternehmensmarken möglicherweise sogar die Medienmarken der Zukunft, wie es derzeit diskutiert wird?

Urchs: Warum nicht, wenn ich eine Marke mit Fan-Potenzial besitze? Eine Waschmittel-Community kann ich mir in dem Bereich nur schwer vorstellen. Das Wesentliche ist doch, dass sich der Nutzer mit einer Marke identifiziert. „Red Bull" oder „Mini" machen das bereits sehr schön im Netz, da entstehen Themenwelten, auf die sich die Besucher gerne einlassen. Das eigene Produkt bleibt dabei – richtig so! – im Hintergrund. Es geht doch um Lebenssituationen, also das, was man heute Lifestyle nennt: Was passt zu mir? Was hätte ich gern? Wo fühlen wir uns wohl miteinander? Vollmundige „Slogans", wie wir sie seit Jahrzehnten aus der Werbung kennen, sind heute online nicht mehr viel wert. Dort kommt es auf den Austausch, das Gespräch an.

Den Marketers geht es vor allem um die Innenansichten der Nutzer, damit sie ihre Produkte zielgenauer bewerben und verkaufen können. Nun reden viele vom allheilbringenden „Social Graph", quasi der auswertbaren „Interessenwolke" der Facebook-Generation ...

Urchs: Die Visualisierung sozialer Kontakte in einem persönlichen Netzwerk ist in den Händen der Marketer natürlich ein mächtiges Instrument. Wenn man die Erlaubnis des Nutzers hat, ein Opt-in. Aber das will erst einmal verdient sein. Die Nutzer sind schließlich in einer starken Machtposition und werden sich dessen auch immer bewusster. In Zukunft wird uns also weniger die klassische Bannerwerbung beschäftigen als vielmehr Fragen rund um das Permission Marketing. Wie entwickelt sich die Werbung über die Grenzen des Web hinaus? Lässt sich das bis an den Point of Sale umsetzen? Wie sieht also die gesamte „Consumer Journey" über unterschiedliche Medien und andere Touchpoints aus? Das ist schon allein deshalb so spannend, weil die User ein ganz neues Bewusstsein von Privatsphäre entwickeln.

Wird das Targeting durch diese neuen Auswertungsmöglichkeiten irgendwann immer feinräumiger möglich sein?

Urchs: Das klassische Targeting hat ja nun auch schon ein paar Jahre auf dem Buckel. Aber die Online-Marketer arbeiten derzeit unter Hochdruck an Tools, die Social Media endlich exakter und differenzierter auswerten. Davon gibt es bislang noch zu wenig. Ich betrachte Targeting ohnehin als Übergangstechnologie zum Profiling, schließlich will das Marketing ja mit exakten Profilen einen Nutzer immer stärker „modellieren". Es wird hier auch viel stärker in Richtung Personalisierung gehen! Gerne wird vergessen, dass das Internet trotz dieser gigantischen Masse von Nutzern ein sehr persönliches Medium ist. Sie stellen sich „ihr Netz" ja nach dem persönlichen Gusto zusammen.

Das Internet als neues Leitmedium, das TV ablöst?

Urchs: Ich denke, dieser Begriff aus der analogen Vergangenheit macht heute keinen Sinn mehr. Die Nutzer gehen mit digitalen Medien und konvergenten Geräten heute ganz anders um. Parallelnutzung von TV und Internet ist längst Realität. Und das ist nur ein erster Schritt. Die Zukunft wird in einem individualisierten und vom sozialen Umfeld angereicherten Mix von Inhalten bestehen, nicht mehr in der Unterscheidung von Mediengattungen oder gar Medienmarken. Der Shift an Werbebudgets ist ja bereits in vollem Gange, und auch die Preise geraten ins Rutschen.

Also erleben wir noch ganz andere soziale Medien in der digitalen Welt?

Urchs: Definitiv. Digitale Social Media werden immer stärker die persönliche Lebenswelt abbilden. Denken Sie an das gerade angelaufene Google+ mit seinen „Circles". Und das führt uns zu zwei Kernfragen: Wie versuchen wir künftig, mit Technologie unsere Lebenswirklichkeit immer exakter abzubilden? Beispiel Tablet-PCs oder Smartphones, auf denen wir facebooken und Filme in HD-Qualität anschauen können. Der andere, hochspannende Aspekt ist: Was passiert eigentlich mit den Nutzern? Wie verändert sich das, was wir als Wirklichkeit verstehen, durch das Web? Denn: Immer mehr Menschen erfahren ihre Wirklichkeit durch das Internet.

Sind also mobile Devices die werbliche Spielwiese der Zukunft?

Urchs: Ja und nein. Sie müssen bei mobilen Geräten viel sensibler mit Werbung umgehen. Das Handy ist das denkbar persönlichste Medium. Ich stelle bei Workshops den Leuten gerne mal die Frage: Wem würden Sie jetzt Ihr Handy anvertrauen, es also offen weitergeben? Da müssen die meisten erstmal schlucken. Grundsätzlich ist Werbung auf neuen, für die individuelle Nutzung persönlicher, digitaler Medien gedachten Geräten wie etwa dem iPad aber erst am Anfang ihrer Möglichkeiten. Allerdings wird sie dort ihren werblichen Charakter grundsätzlich ändern und zu einem vertraulichen Gespräch über sehr private Interessen und Neigungen werden müssen.

Vita

Seit 1982 betreibt Ossi Urchs gemeinsam mit Sigi Höhle die F.F.T. MedienAgentur. Er berät er Unternehmen bei der Entwicklung ihrer Kommunikationsstrategie in interaktiven Medien und entwickelt Konzepte und Anwendungen für das Internet. Zu den Kunden zählen: Cisco Systems Deutschland, Versatel Telecom, Amsterdam, GfK, Nürnberg, Reuters, Frankfurt/Berlin, Tele Columbus, Berlin, ProSieben Digital Media/SevenOne Interactive, München, Neckermann Versand AG/neckermann.de GmbH, und Reemtsma/Imperial Tobacco, Hamburg. 1997/98 entwickelte Ossi Urchs für den Nachrichtensender n-tv das Magazin „NetNews", das erste businessorientierte Internet-Magazin im deutschen Fernsehen. 1999 bis
2001 moderierte er die Sendung „eTalk" von der Cebit zunächst für n-tv, dann für N24. Seit 1986 veröffentlichte er zahlreiche Beiträge für Publikums- und Fachzeitschriften sowie für Fachbücher zu Internet-Marketing, E-Commerce und ähnlichen Themen. 2006 veröffentlichte er gemeinsam mit Harald Zapp das Buch „Hands On Internet-Telefonie", einen praktischen Ratgeber rund um das Trend-Thema Voice over IP.

„Die strategische Überlegung muss immer am Anfang stehen."

Interview mit Prof. Dieter Kempf, Bitkom und DATEV

Prof. Dieter Kempf, Bitkom-Präsident und Vorstandsvorsitzender der DATEV, über die Marketing-Trends Social Media, Smart TV und Mobile Marketing.

Imke Sander

Der Bitkom hat kürzlich eine Studie zur Social-Media-Nutzung in deutschen Unternehmen vorgelegt. Was waren die Schlüsselerkenntnisse daraus?

Dieter Kempf: Das interessanteste Ergebnis war, dass knapp 50 Prozent der über 700 befragten Unternehmen Social Media in verschiedenen Ausprägungen einsetzen und weitere 15 Prozent angegeben haben, darüber nachzudenken. Die restlichen 35 Prozent sind allerdings nicht etwa indifferent, sondern lehnen Social Media fast geschlossen ab.

Was raten Sie Unternehmen, die sich Social Media verwehren?

Kempf: Wir versuchen, sie davon zu überzeugen, dass es aus unterschiedlichsten Gründen notwendig ist, sich dem Thema zu stellen. Allerdings sind Verallgemeinerungen schwierig. Social Media als Marketinginstrument macht für den Bäcker, den Metzger oder den Installateur an der Ecke nicht viel Sinn. Aber neben dem Marketing ist das Thema Online-Reputation-Management sehr wichtig, auch für Handwerker. Denn schlechte Reputation kann jeden treffen. Und darauf muss man reagieren können. Ein weiteres Problem ist, dass viele einfach Angst davor haben, in sozialen Medien etwas falsch zu machen. Deshalb ist eine Zieldefinition im Vorfeld so wichtig. Generell gilt: Das starre Verhältnis zwischen sendenden Unternehmen und konsumierenden Kunden ist längst aufgehoben. Die logische Konsequenz: Unternehmen sollten auch bei der Markenbildung ein Social-Web-Engagement prüfen, mit dem sie ihren Kunden auf Augenhöhe begegnen und sie in den Wertschöpfungsprozess einbinden können.

Sofern sich Unternehmen für Social Media entscheiden: Was sollte der erste Schritt sein?

Kempf: Die strategische Überlegung muss immer am Anfang stehen. Welche Ziele will ich mit Aktivitäten in Social Media erreichen? Geht es um mein Image? Sollen Produkte im Vordergrund stehen? Will ich attraktiv für potenzielle neue Mitarbeiterinnen und Mitarbeiter sein? Oder will ich einfach nur die Möglichkeit haben, auf negative Bemerkungen zu reagieren? Ohne eine klare Zielformulierung macht Social Media keinen Sinn.

Derzeit gehen nur rund zehn Prozent der Unternehmen davon aus, dass sie ihren ROI durch Social Media steigern. Aus welchen Gründen ist dieser Wert so niedrig?

Kempf: Da fällt mir als Erstes die klassische Marketingweisheit ein: „Die Hälfte der Marketingausgaben ist schlichtweg umsonst, das Dumme ist nur, man weiß nicht, welche der beiden Hälften." Die Effektivität von Marketingaufwendungen zu messen, ist sowieso schon nicht einfach. Und in Bezug auf Social Media gibt es bislang keine etablierten Werkzeuge. Vor allem auf B-to-C-Märkten ist die Herausforderung enorm, da der Anteil von Streuverlusten immer groß ist, ganz egal, welchen Kanal ich bespiele. Interessant wäre es, die Unternehmen, die den Social-Media-ROI schon messen, zur Methode zu befragen. Aber da hält sich jeder noch bedeckt. Meiner Meinung nach sollten Unternehmen zunächst versuchen, fokussierte Maßnahmen mit sehr individuellen Messkriterien zu bewerten.

Laut der Bitkom-Studie hinkt insbesondere der Industriesektor bei Social Media hinterher – im Gegensatz zu Dienstleistung und Handel. Woran liegt das?

Kempf: Der B-to-B-Bereich kann seine Zielgruppen nach wie vor deutlich gezielter und ohne große Streuverluste über andere Kanäle ansprechen, was sich auch in den Erfolgsmessungen widerspiegelt. Allerdings wird oft der Grund vorgeschoben, dass sich die entsprechenden Entscheidungsträger aus der Industrie nicht in sozialen Medien tummeln. Das glaube ich nicht. Social Media kann auch durchaus im Industriesektor Sinn machen – mit einer entsprechenden Strategie.

Glauben Sie, dass aktive Markenführung in B-to-C über Social Media funktionieren kann?

Kempf: Das glaube ich schon. Wenn man betrachtet, wie viele Menschen heute soziale Medien nutzen, dann sind zwangsläufig auch immer Entscheidungsträger aus der entsprechenden Zielgruppe dabei. Wieso sollten Unternehmen mit Image-Auftritten in sozialen Medien nicht die gleiche Chance haben, diese zu erreichen, wie mit Image-Kampagnen in Print oder auf der Litfaßsäule?

Wie gehen Sie bei der DATEV mit Social Media um?

Kempf: Ich habe mir vor einiger Zeit mal den Spaß gemacht herauszufinden, wer von unseren Mitarbeitern sich in Facebook bewegt. Ich wollte einfach wissen, welche Informationen ich über das Unternehmen finde. Mit wenig Rechercheaufwand konnte ich ein nahezu komplettes Organigramm eines unserer Geschäftsbereiche zeichnen. Das war für uns der Anlass, Social-Media-Guidelines zu verfassen. Wir sprechen dort keine Verbote aus, sondern geben Leitlinien und bitten darum, darüber nachzudenken, was man veröffentlicht.

Zu einem weiteren digitalen Trend im Marketing: Smart TV. Jedes zweite derzeit verkaufte TV-Gerät ist ja mittlerweile internetfähig. Die Nutzung der Käufer hinkt allerdings den Möglichkeiten noch sehr hinterher. Warum ist das so?

Kempf: Internetfähige TV-Geräte kauft man heutzutage fast automatisch, denn alle anderen sind nicht mehr attraktiv. So profan es klingen mag: Ich glaube, einer der wichtigsten Gründe für die schlechte Nutzung ist technischer Natur. Denn nicht überall dort, wo eine Antennensteckdose ist, ist auch eine LAN-Steckdose. Vor 20 Jahren wurde das beim Hausbau einfach nicht beachtet. Und sich WLAN einzurichten, ist für viele Konsumenten eine sehr große Hürde. Zudem – ich spreche aus eigener Erfahrung – ist WLAN im Haus nicht in jeder Ecke gleich gut erreichbar.

Wie schätzen Sie die Zukunftschancen von Smart TV ein?

Kempf: Ich glaube, die Smart-TV-Nutzung wird sich in den kommenden fünf Jahren signifikant erhöhen. Und auch wenn die junge Generation parallel noch surft oder SMS schreibt: Für die ältere Konsumentengruppe wird der Lean-back-Effekt immer eine große Rolle spielen. Was passiert, wenn diese Generation ausstirbt, ist allerdings schwer zu antizipieren.

Auch das Thema Mobile Devices ist ein Boomthema der Marketingwelt. Welche Chancen und Risiken bietet die rasant steigende Smartphone-Nutzung?

Kempf: Für das Marketing ist ein neuer, sehr personalisierter Kanal hinzugekommen. Und die Nutzer schätzen insbesondere die Bequemlichkeit. Aber: Ein Smartphone bietet heute auch über 20 „Angriffsvektoren", die unbefugten Eindringlingen das Leben leicht machen, sei es über die Bluetooth-Schnittstelle oder die Geo-Erkennung. Andererseits: Wenn man all diese Funktionen deaktiviert, hält man eine Schiefertafel in der Hand, die einfach keinen Spaß macht und die die gewünschte Bequemlichkeit nicht mehr bietet. Auch Apps sind ein Risiko. Der Anbieter der kostenlosen Taschenlampen-App verdient vermutlich Geld mit seinem Angebot – im günstigsten Fall mit der Geo-Lokation des Nutzers, im ungünstigsten Fall liest er Adressbücher aus und verkauft die Adressen meistbietend. Jeder muss individuell die Nutzen und Gefahren abwägen.

Wie wird sich der Markt der location-based Services entwickeln?

Kempf: Das ist für mich einer der interessantesten Anwendungsbereiche im Mobile Marketing, da sie dem User einen sehr großen Nutzwert bieten. Aus meiner Sicht werden sich die Services stark erhöhen und die Nutzung ganz extrem ansteigen.

Abschließend: Was sind für den Bitkom die wichtigsten Themen in den kommenden Jahren?

Kempf: Die ITK-Branche befindet sich im knallharten Wettbewerb um die besten Köpfe mit anderen Branchen. Deshalb werden wir intensiv in Employer Branding investieren müssen. Die Branche muss das, was sie auf dem Arbeitsmarkt bietet, wesentlich besser verkaufen – vor allem weiblichen Mitarbeitern gegenüber. Unternehmens- und Job-Reputation sind Riesenthemen.

Vita

Prof. Dieter Kempf ist Vorstandsvorsitzender des IT-Dienstleisters und Software-Anbieters DATEV eG mit Sitz in Nürnberg und seit Juni 2011 zudem Präsident des Bitkom (Bundesverband Informationswirtschaft, Telekommunikation und Neue Medien). Der Bitkom vertritt mehr als 1.700 Unternehmen, davon über 1.100 Direktmitglieder mit 135 Milliarden Euro Umsatz und 700.000 Beschäftigten. Kempf studierte Betriebswirtschaftslehre an der Ludwig-Maximilians-Universität München und war u.a. bei Ernst & Young, zuletzt als Partner, tätig. Er ist seit Juni 1991 bei der DATEV eG Mitglied des Vorstandes und seit Juli 1996 dort Vorstandsvorsitzender. 2005 wurde Kempf zum Honorarprofessor für Betriebswirtschaftslehre an der Wirtschafts- und Sozialwissenschaftlichen Fakultät (WiSo) der Universität Erlangen-Nürnberg ernannt.

Echte Verknüpfung der Vertriebskanäle ist die hohe Kunst der nächsten Jahre

Interview mit Prof. Dr. Dirk Morschett, Universität Fribourg

Aus media spectrum 3 2012

Prof. Dr. Dirk Morschett, Professor für Management an der Universität Fribourg und Direktor des Zentrums für Europastudien, spricht über die Herausforderungen und Möglichkeiten im Multichannel-Vertrieb.

Anja Schüür-Langkau

Herr Professor Morschett, was bedeutet der multioptionale Konsument für die Vertriebsstrategien der Unternehmen?

Dirk Morschett: Die Unternehmen müssen ihre Kunden heute über alle neuen Kanäle ansprechen. Dadurch gestaltet sich das Marketing für die Unternehmen sehr viel komplexer. Doch die neuen Kanäle bergen große Chancen. Viele Hersteller haben in den letzten Jahren den direkten Kontakt zu ihren Kunden verloren. Durch die interaktive Kommunikation mit dem Kunden über soziale und mobile Netzwerke können sie diesen Kontakt wieder herstellen und Dinge initiieren, die jahrelang dem Handel vorbehalten waren, beispielsweise eigene Loyalitätsprogramme.

Welche Auswirkungen hat diese Entwicklung auf die Strukturen der Unternehmen?

Morschett: Der Kunde muss wieder stärker im Mittelpunkt der Strategie stehen, und alle Kommunikationsmöglichkeiten sollten als verschiedene Touchpoints des Kunden mit dem Unternehmen gesehen werden. Im Moment gibt es in den Unternehmen Silos, die relativ losgelöst voneinander arbeiten. Die Onlineabteilung arbeitet oft noch getrennt vom Bereich der klassischen Medien, und auch auf der Vertriebsebene ist die Onlineansprache von der stationären Handelswelt getrennt. Dieses Silodenken funktioniert zukünftig nicht mehr. Unternehmen müssen hier die Synergieeffekte besser ausschöpfen und ihre internen Strukturen kundenzentriert aufbauen.

Worauf müssen Unternehmen achten, wenn sie beim Multichannel-Vertrieb erfolgreich sein wollen?

Morschett: Das Schlagwort der letzten Jahre ist auch für die Zukunft gültig. Es heißt Verknüpfung oder auch Cross-Channel. Es geht darum, die unterschiedlichen Vertriebskanäle wirklich miteinander zu verbinden, beispielsweise den Kunden vom Onlineauftritt bis in den Laden zu begleiten oder umgekehrt den Kunden im Laden über sein Smartphone direkt anzusprechen. Diese Verknüpfung wird die hohe Kunst der nächsten Jahre sein.

Diese Verknüpfung gelingt ja nicht allen Unternehmen.

Morschett: Das ist richtig, und hier liegt für Unternehmen eine große Gefahr. Mit dem Medienwechsel ist es für den Kunden eben auch sehr einfach, sich bei anderen Unternehmen zu informieren und letztlich den billigsten Kanal für den Kauf zu wählen. Deshalb muss ein Unternehmen selbst Anreize setzen und den Übergang von Medium zu Medium vereinfachen. Beispielsweise kann der Kunde über den Webauftritt der Modemarke Esprit sofort prüfen, ob das gewünschte Produkt in der nächstgelegenen Filiale verfügbar ist. Damit wird der direkte Weg in die Filiale vereinfacht und der Wechsel zu einem anderen Anbieter etwas weniger wahrscheinlich. Umgekehrt sollten Unternehmen den Kunden im Laden selbst die Möglichkeit geben, sich online zu informieren, denn der Kunde macht es sowieso. Wenn er im Laden steht und sich bei Amazon die Kundenbewertungen suchen muss, ist die Gefahr groß, dass der Kunde auch gleich bei Amazon einkauft.

Hier können Unternehmen gegensteuern. So bietet beispielsweise der Unterhaltungselektronikhersteller Best Buy aus den USA im Laden die Möglichkeit, die Kundenbewertungen der Produkte aus dem eigenen Online-Shop vor Ort einzusehen. Damit bleibt der Kunde in der Welt des Unternehmens, und die Abwanderung zum Wettbewerb ist geringer.

Gibt es solche Beispiele auch schon in Deutschland?

Morschett: Aus Deutschland sind mir solche Formen nicht bekannt. Hier gibt es noch viele ungenutzte Potenziale für die Unternehmen.

Und welche Unternehmen integrieren Online schon vorbildlich in ihre Marketing- und Vertriebsstrategie?

Morschett: Es gibt eine Reihe von Herstellern, denen es sehr gut gelingt, ihre Werbebotschaft in einer multimedialen Form zu transportieren. Ein Beispiel ist Jägermeister. Das Unternehmen hat einen hervorragenden Auftritt im Web, verknüpft mit einem Online-Shop für Merchandising-Produkte. Auch Jacobs Krönung verknüpft ihr Onlinemarketing sehr gut mit mobilen Angeboten und dem Point of Sale. Im Luxusbereich transportieren Marken wie Cartier oder IWC vom Katalog über den Webauftritt bis zur POS-Gestaltung ein einheitliches Bild ihrer Marken.

Muss denn jetzt jedes Unternehmen einen eigenen Online-Shop aufbauen?

Morschett: Ich bin davon überzeugt, dass in zehn Jahren so gut wie jeder Händler einen Online-Shop als zusätzlichen Vertriebskanal betreiben wird. Auch für Hersteller von Gebrauchsgütern macht ein Online-Shop häufig Sinn. Sie können schon heute fast alles – vom Steiff-Teddybären über Bohrmaschinen bei Black & Decker bis hin zu Zahnbürsten bei Philips – online direkt beim Hersteller kaufen. Für Hersteller von Fast Moving Consumer Goods erscheint dies aber nicht sinnvoll.

Welche Vorteile hat ein Online-Shop für Hersteller?

Morschett: Laut meiner Beobachtung rücken die Hersteller mit Hilfe des Online-Shops ihre Produkte wieder stärker in den Mittelpunkt der Kommunikation. Wichtig dabei ist, dass Unternehmen ihren Online-Shop vor allem als Marketinginstrument einsetzen und die Chance nutzen, ihre Kunden über den Shop besser kennenzulernen. Vor diesem Hintergrund wäre es ein Fehler, wenn ein Hersteller in seinem Online-Shop preisaggressiv agiert, denn das belastet das Verhältnis zum Handel. Nicht Online-Umsätze, sondern gezielter marketingstrategischer Nutzen sollte das Ziel eines Online-Shops für Hersteller sein.

Wie schwierig ist die Erfolgsmessung im Multichannel-Vertrieb?

Morschett: Wir stehen hier noch vor einigen ungelösten Problemen. Auf den ersten Blick erscheint es einfach, die Web-Performance-Indikatoren wie Klickraten, Conversion Rate oder Coupon-Einlöse-Raten zu messen. Für reine Onlinehändler wie beispielsweise Zalando ist dies auch ausreichend. Allen anderen Unternehmen fällt es schwer, den Erfolgsbeitrag eines jeden Mediums zum Gesamt-Unternehmenserfolg sowie die Wechselwirkungen zu messen.

Inwieweit kann die Wissenschaft dieses Thema vorantreiben?

Morschett: Ich sehe es als eine wichtige Aufgabe der wissenschaftlichen Institutionen an, gemeinsam mit Unternehmensberatungen und Wirtschaftsprüfern hier entsprechende Methoden zu entwickeln. Die bisherigen Controlling-Methoden werden vor dem Hintergrund des Umbruchs einer gesamten Vertriebs- und Handelsstruktur an Relevanz verlieren. Hier müssen wir für Ersatz sorgen.

Welche Rolle spielt Social Media im Rahmen einer Multichannel-Strategie?

Morschett: Facebook, Twitter und Co. sind heute eine gute Möglichkeit, um mit den Kunden in Kontakt zu treten. Meiner Ansicht nach werden alle Formen, die eine Interaktion zwischen Kunden während des Einkaufsprozesses ermöglichen, an Bedeutung zunehmen. Die Kunden haben sich mittlerweile daran gewöhnt, nicht nur Kundenbewertungen von Produkten anzuschauen, sondern sich aktiv mit Freunden über ein Produkt auszutauschen. Solche „Chat and Shop"-Möglichkeiten bieten nicht nur online, sondern auch dem stationären Handel neue Chancen. Die Jeansmarke Diesel hatte vor einigen Jahren Multimedia-Terminals in ihren Läden aufgestellt, über die der Kunde während der Anprobe eines Kleidungstücks im Laden über Facebook mit Freuden kommunizieren konnte. Solche Ansätze sind noch Einzelfälle, doch es macht für Unternehmen Sinn, solche Lösungsansätze zu entwickeln. Schon heute zeigen viele Studien, dass Kunden sehr häufig während des Einkaufs ihr Smartphone nutzen, um sich mit Freunden auszutauschen. Vor diesem Hintergrund kann Social Media die Vertriebsstrategie sehr unterstützen.

Welche weiteren Möglichkeiten bietet die Integration mobiler Kanäle?

Morschett: In den USA gibt es das Multipartner-Programm „shopkick", das vom Wall Street Journal als eine der Top Apps des letzten Jahres gewählt wurde. Der Kunde registriert sich via Smartphone, wenn er in einen Laden geht. Eine Hardware in den teilnehmenden Läden misst genau, wo und wie sich der Kunde im Laden bewegt. Die Hersteller und Händler können dem Kunden dann ganz spezifische Angebote machen. Wenn dieser gerade eine CD gewählt hat, kann man ihm andere CDs empfehlen. Wenn er lange bei den CDs war und keine mitgenommen hat, kann man ihm eine Promotion schicken, um die Kauflust anzuregen. Wichtig dabei ist, dass der Kunde sich nicht gestört fühlt, sondern die Interaktion als positives Erlebnis empfindet. Die Entwicklung dieser Möglichkeiten steht aber noch ganz am Anfang.

Es scheint, dass die Entwicklung hier klar in Richtung One-to-One-Marketing geht.

Morschett: Für Online oder Mobile Marketing trifft das sicher zu. Dennoch wird die Verschiebung nicht dramatisch sein, denn um Marken bekannt zu machen und um ein klares Markenimage aufzubauen, sind die klassischen Medien immer noch unerlässlich.

Wo sehen Sie die großen Trends für den Handel?

Morschett: In fast allen Produktbereichen – eine Ausnahme ist meines Erachtens der Bereich der Lebensmittel – wird der Onlinehandel eine bedeutende Rolle spielen. Die Ansprache über Smartphones am POS ist ein wichtiges Thema für die Zukunft. Hinzu kommt die Herausforderung, Produktinformationen näher an den POS heranzubringen. Hier spielt der sinnvolle Einsatz von QR-Codes eine große Rolle. Auch das Thema Augmented Reality wird den Handel und auch die Hersteller in den nächsten Jahren zunehmend beschäftigen. Für alle diese Themen müssen Ansätze und Lösungen gefunden werden. Das bedeutet viel Arbeit für die Praktiker und auch für die Wissenschaft.

Die fünf größten Fehler beim Aufbau einer Multichannel-Strategie

Einbindung des Handels ignorieren

Ein Hersteller, der eine eigene Multichannel-Strategie aufbauen will, sollte von Beginn an offen und transparent mit dem Handel kommunizieren. Ein eigener Online-Shop ist für den Hersteller ein Marketinginstrument und kein relevanter Vertriebskanal. Entsprechend gering sind die Onlineumsätze des Direktvertriebs. Hier sollten die Hersteller die Intention des Direktvertriebs mit dem Handel besprechen, denn ein Konflikt mit dem Handel schadet den eigenen Umsätzen.

Inkonsistenz bei der Preisgestaltung

Viele Hersteller bieten ihre Produkte online und über den stationären Handel mit unterschiedlichen Preisen an. Dieses Vorgehen ist schädlich für die Marke und das Image. Eine klare Preisstrategie, bei der alle Vertriebskanäle aufeinander abgestimmt sind, beugt diesen negativen Entwicklungen vor.

Fehlende Integration der Kanäle

Nicht nur in Bezug auf den Preis, sondern auch auf Inhalt und Abwicklung müssen die einzelnen Vertriebskanäle aufeinander abgestimmt werden. Kunden, die Produkte in einem Kanal ansehen, müssen sie problemlos über einen anderen Kanal kaufen und auch wieder zurückgeben können. Auch Kundenbindungsprogramme wie Bonuspunkte sollten von einem Kanal auf den nächsten übertragbar sein. Eine echte integrierte mehrkanalige Vertriebsstrategie ist hier der Schlüssel zum Erfolg.

Unzureichende Nutzung der Komplementarität

Jedes Medium hat seine Stärken und Schwächen. Diese müssen im Kommunikationsmix entsprechend genutzt und eingesetzt werden, um den Kunden in jeder Situation adäquat zu erreichen. So lässt sich der Markenaufbau über klassische Medien und Websites sehr gut steuern. Um den Kunden individuell im Laden anzusprechen, ist das Smartphone mit einer passgenauen Botschaft besser geeignet. Die einzelnen Kanäle müssen dabei so miteinander verknüpft werden, dass sie aufeinander aufbauen und sich ergänzen.

Mitarbeiter am POS ignorieren

Auch die Mitarbeiter am Point of Sale sind entscheidend für den Erfolg einer Multichannel-Strategie. Die Händler und Mitarbeiter müssen in die Strategie eingebunden sein und einen Anreiz bekommen, den Onlinekanal aktiv und positiv zu nutzen. Wenn der Händler oder auch das Verkaufspersonal Online als Gegner sieht, hat das Unternehmen ein Problem. Die Mitarbeiter im Handel sind die Gatekeeper für den Onlinekanal. Von ihrer Akzeptanz hängt nicht zuletzt die Akzeptanz beim Kunden ab.

Vita

Prof. Dr. Dirk Morschett ist seit 2007 Professor für Management an der Universität Fribourg und Direktor des Zentrums für Europastudien. Davor war er als Forscher und Berater am Institut für Handel und Internationales Marketing an der Universität des Saarlandes tätig. Unter anderem lehrte er als Gastdozent in Hongkong, Dublin, Bangkok und Santiago de Chile. Seine Schwerpunkte liegen im Bereich des Handelsmanagements, insbesondere Online-Handel, Betriebstypen und Retail Branding, sowie im Bereich der Internationalisierung. Zudem ist Morschett als Referent, Moderator und Berater aktiv. Er arbeitete in diesen Funktionen unter anderem für Coop, SAP AG, Markant, E/D/E und GS1 Schweiz.

Rolle des Pricings wird immer noch unterschätzt

Interview mit Dr. Rainer Meckes, Simon-Kucher & Partners

Dr. Rainer Meckes, Geschäftsführer bei Simon-Kucher & Partners in Bonn, spricht über die Fehler im Preismanagement, Behavioral Pricing und die Bedeutung der sozialen Netzwerke für Preise.

Anja Schüür-Langkau

Welchen Stellenwert hat das Thema Pricing derzeit in den Unternehmen?

Rainer Meckes: Das ist sehr unterschiedlich. Insgesamt haben wir den Eindruck, dass sich immer mehr Unternehmen der Rolle des Pricings bewusst werden. Das Thema bekommt derzeit deutlich mehr Management-Attention als in der Vergangenheit, und viele Unternehmen bemühen sich, ihre Prozesse zu optimieren. Dennoch gibt es nach wie vor Unternehmen, die überhaupt nicht erkannt haben, welches Potenzial im Thema Preis steckt, oder auch, welche Risiken mit der Vernachlässigung des Themas verbunden sind.

Worauf führen Sie das zurück?

Meckes: Der Preis ist eine Variable, die sich relativ einfach bewegen lässt. Daher herrscht in einigen Unternehmen die Meinung vor, man könne hier aus dem Bauch heraus entscheiden und lerne dann über die Erfahrung. Das ist wohl grundsätzlich möglich, aber oft ein sehr teurer Weg, der auch nur funktioniert, wenn ich über eine sehr gut lernende Organisation verfüge. Wir sehen häufig, dass hier sehr viel Erlöspotenzial verschenkt wird.

Wer entscheidet in der Regel über die Preise in den Unternehmen?

Meckes: Das ist sehr unterschiedlich. Ich möchte Ihnen zwei Extrembeispiele geben, die die Situation darstellen: Es gibt Unternehmen, in denen der Vertriebsmitarbeiter oder der Verkäufer die Preise setzt. Er hat eine Preisvorgabe und einen Rabattbereich, in dessen Rahmen er situationsbedingt entscheiden kann. Die Rabatthöhe variiert zwischen kleinen einstelligen und vielleicht mittleren zweistelligen Prozentzahlen. Eine Kontrolle oder ein Coaching seitens des Unternehmens findet kaum oder nicht statt. Diese Vorgehensweise findet sich durchaus auch in Großkonzernen mit Milliardenumsätzen. Am anderen Ende der Skala entscheidet der CEO über die Preise, oft unabhängig von den Marketingabteilungen, die sich intensiv mit dem Thema des richtigen Preises beschäftigt haben. Beide Vorgehensweisen sind problematisch. Unserer Ansicht nach ist es gar nicht so entscheidend, wer die Preise macht, sondern wie genau Preise gesetzt und durchgesetzt werden. Dabei gilt es, Entscheidungen auf Basis bestmöglich verfügbarer Informationen zu treffen und klare Prozesse zur Entscheidungsfindung in der Organisation zu verankern.

Wie bewerten Sie die Professionalität beim Pricing in der Medienbranche?

Meckes: Im Vergleich zu anderen Unternehmen behandelt die Medienbranche das Thema Pricing sehr stiefmütterlich. In einigen großen Fachverlagen gibt es zwar Projekte, die das Thema professionell angehen, aber in den meisten Medienhäusern gehen Bauchgefühl und das Schielen auf den Wettbewerb vor Wissen und Prozesssicherheit. Die Medienindustrie gehört hier sicher nicht zu unseren Benchmarks, wenn es um Pricing geht.

Welche Branchen sind hier weiter?

Meckes: Hier muss man zwischen der Preisstrategie, dem Preissetzen und dem Preisimplementieren unterscheiden. Industrien sind typischerweise nicht in allen drei Disziplinen gleich gut. Die Konsumindustrie ist sicher sehr gut beim Thema Preisimplementierung, während die Pharmazeutische Industrie über sehr viel Wissen verfügt, wie man Preise richtig setzt. Die Branche hat eigene Pricing-Abteilungen und zweistellige Mitarbeiterzahlen, die sich ganz intensiv und kontinuierlich mit dem Thema Pricing, Produktangebote usw. beschäftigen. Auch die Automobilindustrie ist hier sehr weit.

In 2011 haben Sie die Studie „Global Pricing" veröffentlicht. Eine Erkenntnis daraus ist, dass die Marken- und Produktwerte der primäre Treiber für Pricing Power sind.

Meckes: Das stimmt. Ein Produkt, das sich durch eine wesentliche Komponente vom Wettbewerb differenziert, ist in der Lage, die Spielregeln und Preisniveaus einer Branche mitzubestimmen. Das kann die Produktsubstanz selbst sein, aber auch die Marke, der Absender, der Service oder der Vertrieb. Dies können Unternehmen mit Marken- und Produktstärken einfach besser als Low-Cost-Anbieter. Das bedeutet für Unternehmen aber auch eine gewisse Verantwortung. Wenn ein Unternehmen mit hohem Produktwert und hoher Markenkompetenz preisaggressiv in einen Markt hineingeht, ist es für andere Anbieter nahezu unmöglich, vernünftige Preise zu setzen. Dem Wettbewerb wird die Luft zum Atmen genommen, und daraus resultieren Preiskriege, wie wir sie aus vielen Märkten kennen.

Welche typischen Fehler werden im Preismanagement immer wieder gemacht?

Meckes: Typische Probleme, die wir immer wieder beobachten, sind zum Beispiel, dass klare Zielgrößen fehlen oder dass Unternehmen den falschen Fokus setzen. Beispielsweise muss sich ein Unternehmen meist entscheiden, ob es Marktanteile gewinnen oder die Profitabilität erhöhen will. Die Firmen wollen zu oft beides. Sie rennen einerseits dem Volumen hinterher und andererseits den Margen. Wenn klare Vorstellungen fehlen, in welche Richtung ein Unternehmen ausgerichtet werden soll, führt das dazu, dass auch die Preise nicht richtig gesetzt werden können. Ein weiteres häufiges Problem ist, dass es zu wenig Führung bei der Preisdurchsetzung gibt. Oft fehlt der Pricing-Support für den Vertrieb. Das gilt vor allem für Unternehmen mit vielen Filialen, Outlets oder Vertriebsmitarbeitern. Man kann den nachgelagerten Organisationseinheiten oder den Vertriebspartnern durchaus helfen, Preise in der Fläche so durchzusetzen, dass sowohl die Handelsorganisation als auch der Hersteller profitiert. Der Blick in Richtung Wettbewerb reicht da sicher nicht aus. Natürlich ist es wichtig, den Wettbewerb zu beobachten. Doch der kann nicht das Maß aller Dinge für das eigene Pricing sein. Ein dritter Problembereich sind fehlende Detailkenntnisse über die eigene Preiselastizität im Vergleich zum Markt oder das fehlende Verständnis für grundsätzliche Mechanismen von Preismodellen. Es gibt Preismodelle, die funktionieren in der einen Branche oder bei dem einen Produkt sehr gut und bei dem anderen funktionieren sie gar nicht. Die Fehler der Wettbewerber werden zu häufig unreflektiert übernommen und das eigene Nachdenken kommt zu kurz. Dadurch wird sehr viel Potenzial verschenkt.

Wie problematisch ist die Kurzfrist-Strategie vieler Unternehmen und die damit verbundene relativ kurze Verweildauer von Marketingmanagern in Unternehmen?

Meckes: Es ist sicher so, dass sich die Bedingungen, unter denen das Geschäft gemacht wird, relativ schnell ändern. Für die Mitarbeiter ist der Anpassungsdruck daher sehr hoch. Dennoch sind wir nicht generell der Meinung, dass man durch einfachen Austausch der Mitarbeiter der Lösung des Problems unbedingt sehr viel näher kommt. In seinem Buch „Hidden Champions" zeigt Professor Simon, dass Konstanz in der Führungsstruktur des Unternehmens ein wesentlicher Erfolgsfaktor zu sein scheint. Wenn jedoch ein Unternehmen festgefahren ist und Veränderung nicht mehr stattfindet, kann der Austausch von Führungskräften durchaus etwas bewirken. Als Beispiel bietet sich hier der Fußball an. Man tauscht den Trainer aus, und der Laden läuft wieder. Wir haben allerdings den Eindruck, dass dieser Effekt manchmal etwas überschätzt wird. Denn durch Mitarbeiterwechsel gehen auch viel Erfahrung und Wissen verloren, die wichtig sind in Unternehmen.

Wie hat die digitale Entwicklung das Preismanagement verändert?

Meckes: Die entscheidendste Veränderung ist, dass es bei den Nachfragern eine viel höhere Transparenz gibt. Der Preisvergleich ist heute mit einem Klick möglich. Viele Konsumenten holen sich die qualifizierte Beratung über den stationären Handel und den besten Preis übers Internet. Diese Möglichkeiten verändern die Vertriebs- und die Preisstrategie. Unternehmen müssen genau verstehen, welches Kundensegment sie über das Internet bedienen, zu welchen Preisen sie ihre Produkte anbieten und welche Kriterien im Netz für den Kunden wichtig sind, beispielsweise gute Logistik, Zahlungssicherheit usw. Das Gleiche gilt für den stationären Handel. Das Thema Preisdifferenzierung ist durch die digitale Entwicklung zwar schwieriger geworden, bietet aber auch die Möglichkeit, dies geschickt zu nutzen. Die Welt ist damit für den Anbieter nicht einfacher geworden.

Im Marketing werden bekanntlich viele wissenschaftliche Erkenntnisse von der Praxis nicht wahrgenommen. Gilt dies auch für das Thema Pricing?

Meckes: Ja, ich glaube, es herrscht eine gewisse Distanz auf beiden Seiten, und es braucht Zeit, bis sich wissenschaftliche Erkenntnisse in unternehmerisches Handeln übersetzen lassen. Ein Problem dabei ist, dass die Rahmenbedingungen und auch die Sprache in der Wissenschaft und Praxis sehr unterschiedlich sind. Hier werden qualifizierte Fachleute benötigt, die Verbindungen zwischen den Erkenntnissen der Wissenschaft und der Anwendbarkeit in der Praxis herstellen können. Einige Fehler könnten sicher vermieden werden, wenn die theoretischen Erkenntnisse stärker auch in der Praxis angewendet würden. Ein Feld mit viel Nachholbedarf ist zum Beispiel Behavioral Pricing. Viele interessante und wichtige Erkenntnisse aus diesem Bereich werden von den Unternehmen einfach zu wenig berücksichtigt. Ich möchte Ihnen ein Beispiel geben. Trinken Sie gerne Wein?

Ja.

Meckes: Wenn Sie heute Abend eine Flasche Wein kaufen möchten, und Sie haben zwei Flaschen im Angebot, die eine kostet fünf Euro und die andere kostet zehn Euro. Zu welcher würden Sie intuitiv greifen?

Zur Flasche für fünf Euro.

Meckes: Wenn ich Ihnen jetzt drei Flaschen anbiete, eine für fünf, eine für zehn und eine für 15 Euro. Welche würden Sie dann nehmen?

Wahrscheinlich die Flasche für zehn Euro.

Meckes: Das ist ein klassisches Beispiel, wie Preispsychologie funktioniert und man den Umsatz über das richtige Angebot und Preisportfolio deutlich steigern kann.

Das meistdiskutierte Thema der Branche ist derzeit Social Media. Wie schätzen Sie die Bedeutung der sozialen Netzwerke für das Preismanagement ein?

Meckes: Im Internet und auch über Social Media werden Fehler beim Pricing sehr schnell von den Nutzern identifiziert. Doch diese Transparenz kann ein Unternehmen gut für sich nutzen. Die sozialen Netzwerke können eine große Hebelwirkung entfalten, im Positiven wie im Negativen. Unternehmen sollten hier auf ein gutes Produktangebot und faires Pricing setzen, um Vertrauen aufzubauen.

Wie groß ist der Einfluss von Social Media auf den Wert einer Marke?

Meckes: Der Einfluss auf den Markenwert ist sehr groß. Wenn ein Autohersteller eine Rückrufaktion starten muss, potenziert sich die Information tausendfach und weit über die Betroffenen hinaus. Durch Fehler können heute in relativ kurzer Zeit Markenwerte und Markensubstanzen gegen die Wand gefahren werden.

Was bedeutet für Sie ganzheitliches Pricing?

Meckes: Zum einen verstehe ich darunter, dass das Pricing eine Verankerung in der gesamten Organisation hat, also nicht nur in einem Produktbereich oder einer Region oder nur im Headquarter. Zum anderen muss Pricing in die Marketing- und Vertriebsstrategie eingebettet werden. Unternehmen müssen hier alle Aspekte der Zielgruppe, des Produkts und des Vertriebs berücksichtigen, um ganzheitlich agieren und Preise richtig setzen zu können.

Vita

Dr. Rainer Meckes studierte Betriebswirtschaftslehre und Statistik am Institut Commercial de Commerce in Nancy und der Universität Trier, wo er anschließend als wissenschaftlicher Assistent tätig war.

Meckes ist Geschäftsführer und Leiter der Kompetenzcenter Automotive von Simon-Kucher & Partners. Er ist spezialisiert auf die Bereiche strategische Unternehmensentwicklung, Marketing, Vertrieb, Pricing sowie Rabatt- und Konditionensysteme. Meckes hat umfangreiche Projekterfahrung sowohl in Europa als auch in den USA und in Asia Pacific. Meckes ist Referent am ZfU, bei Management Forum und Management Circle. Er ist Autor zahlreicher Artikel auf den Gebieten der Marketingstrategie, Preispolitik und Vertriebsorganisation und zu methodischen Fragestellungen.

Markenführung ist auch Mitarbeiterführung

Interview mit Prof. Dr. Holger Rust, Universität Hannover

Aus media spectrum-Begleitheft Wiesbadener Media & Marketing Kongress 2012

Prof. Dr. Holger Rust erläutert im Interview, warum viele Unternehmen den falschen „Gurus" folgen und die Fixierung auf Kennzahlen zu einem Innovationsdefizit führt.

Hergen Riedel

Herr Professor Rust, Sie üben öffentlich Kritik an der so genannten „Trendforschung". Gleichzeitig setzten Sie sich in Ihren Büchern und Vorträgen aber auch mit der Kennzahlorientierung in Management und Marketing auseinander. Wie geht das zusammen?

Holger Rust: Fangen wir mit der Trendforschung an. Man muss da sehr deutlich unterscheiden zwischen einerseits Ansätzen seriöser Projekte, die so genannte Validitätskriterien befolgen, die zu den Selbstverpflichtungen aller ernst zu nehmenden Institute zählen. Andererseits finden Sie eine Heerschar von freien Interpreten, die jede anekdotische Beobachtung zu Trends aufblasen und ihren Kunden vorgebliche Zukünfte verkaufen.

Wie erklären Sie diese hohe Akzeptanz der Trendforschung?

Rust: Um diese Frage zu beantworten, muss man sich ansehen, wo der Erfolg eigentlich generiert wird. Dabei fällt auf, dass diese „Trendforschung" vor allem ein Medienereignis darstellt. Das hat einen Grund: Sie liefert sensationelle Ideen für Zukünfte, die wie eine Prêt-à-porter-Mode problemlos multipliziert werden können. Diese so genannten Trends sind also in erster Linie einmal zurechtgeschnitten für die Medien, die sie aufgreifen, weil die Outlets der Medienindustrie immer schneller eines brauchen: Content. Möglichst rasch verderblichen Content, damit im nächsten Monat wieder etwas Neues die Zeilen füllt. Geprüft wird selten. Vor allem, weil diese vorgeblichen Einsichten als Studien verkauft werden. Dann kommen lärmende Anglizismen dazu – Tiger Ladies, Business Nomads, Creative Class, Cocooning, Lohas, Greenomics, Selfness und so weiter –, um Trends medientauglich zu stilisieren.

Warum hören Manager auf diese von Ihnen für vordergründig gehaltenen Trends?

Rust: Wenn es so ist, dass Manager darauf hören, müssten es vor allem solche sein, die ihrer eigenen Marktsicht unsicher sind. Die, und da kommen wir nun zum zweiten Aspekt Ihrer ersten Frage, so in ihren Kennzahlen und mathematisch inspirierten Modellen gefangen sind, dass sie die Welt nicht mehr sehen. Sie empfinden diese neue Sprache als wohltuende Ergänzung zum klinischen BWL-Esperanto, mit dem sie die Welt nach ökonomischen Formeln interpretieren, und sie pflegen die Illusion einer genialischen Sicht auf die Zukunft.

Und dann vertrauen sie auf diese Studien, was immer das auch sein mag. Studien – das klingt immer gut. Studien haben, selbst wenn sie sehr gut gemacht worden sind, einen Nachteil. Sie bilden hauptsächlich ab, was besteht. Was man daraus für die Zukunft ableiten kann, ist von Unternehmen zu Unternehmen sehr verschieden. Und das eigentlich interessante Feld für das Marketing beginnt da, wo man nichts mehr messen kann.

Wie verbreitet ist diese Bereitschaft zur Adaption von Trendforschung?

Rust: Wenn ich eigene empirische Befunde aus den letzten Projekten zur Managementkultur im Mittelstand heranziehen darf: Die Aufmerksamkeit für diese selbsternannten Vordenker steht in keinem Verhältnis zur Bedeutung. Denn im Mittelstand, und damit in dem Wirtschaftsbereich, der für 95 Prozent der Unternehmen steht, gelten Gurus nichts. Die Führungskräfte des Mittelstandes interessieren sich nicht für Lifestyle, Lohas oder andere ausgerufene Trends, ganz einfach weil sie Dinge herstellen, die damit nichts zu tun haben. Mittelständische Unternehmen, besonders im Business-to-Business-Sektor, verlassen sich eher auf ihre Branchenkenntnisse, die langfristigen Markterfahrungen und agieren aus der Sicherheitszone ihrer Kernkompetenzen heraus. Das Marketing folgt dann mitunter ebenso schlicht wie selbstbewusst dem Motto: Wer uns braucht, kennt uns. Das ist natürlich für den Markt der Konsumgüter zu wenig, keine Frage.

Wenn also diese Art von Trendforschung so vordergründig ist: Wie erkennt ein Manager die Trends, die seinen Markt in absehbarer Zukunft prägen werden?

Rust: Was Zahlen und statistische Grundlagen betrifft, gibt es wirklich mehr als ausreichende Informationen. Von Marktforschungsunternehmen ebenso wie vom Statistischen Bundesamt; universitären Projekten und studentischen Arbeiten. Das ist das eine. Das andere aber ist das Selbstbewusstsein von Unternehmen, mit ihrem Produkt oder ihrer Dienstleistung den Kunden vorauszueilen. Ihre Kompetenz zu nutzen, um dem Markt zu zeigen, was möglich und denkbar ist. Technisch, ästhetisch und auch als Statusträger. Wir nennen dieses initiatives Marketing, das selber Trends setzt, „Issue Management", die Platzierung eines Themas. Sie nutzt die Alltagskultur als Inspiration für Neues und wirkt dort, wo die Berechnungen der Marktforschung an Grenzen stoßen.

Haben Sie ein Beispiel?

Rust: Ich nehme das derzeit dominanteste Beispiel, die iPad-, iPod-, iPhone-Technologie. Ich kann mir nicht vorstellen, dass es je einen Kunden gegeben hat, der auf die Frage nach einem Produkt der Zukunft gesagt hätte: „Na ja, ich hätte gern so ein Ding, das hinten verchromt und vorne schwarz ist und auf dem ich rumschrubben kann, um alles, was man sich ausdenkt, sofort sehen zu können." Trotzdem ist die Faszination in der Alltagskultur der Menschen angelegt, aus der sich der Markt dann etabliert. Das gilt für jedes Produkt.

Was bedeuten dann Markenführung und Markeninnovation?

Rust: Jedes Unternehmen verfügt ja über Scouts aus dieser Alltagskultur: die Mitarbeiter. Die leben auf dem Markt. Sie telefonieren, putzen Zähne, fahren Auto, kleiden sich. Und all das soll einen sinnvollen Zusammenhang ergeben. Den muss man einfach begreifen. Markenführung ist damit logischerweise auch Mitarbeiterführung. Das heißt: Die intellektuelle Wertschöpfungskette sollte bis zu den Mitarbeitern verlängert werden. Das sind ja nicht nur Menschen, die produzieren, sondern ebenfalls konsumieren. Von hier kommen Impulse für innovative Produkte oder Verbesserungen. Um noch ein Beispiel zu nennen:

Ein Hersteller von Sitzgelegenheiten, mit denen die Wartezonen von Flughäfen ausgerüstet werden, nutzt nicht die Modellmaße von irgendwelchen vorgeblichen Vertretern der „upward mobile creative class", die von den Trendforschern als Bezugsgruppe ausgerufen werden, sondern von normalen Menschen. Bevor das Design entworfen wurde, wurden die Prototypen von allen erdenklichen Figuren getestet, wie sie eben in der Wirklichkeit vorkommen. Er hatte Erfolg, weil er vom Endkunden her gedacht hat – obwohl der direkte Kunde der Flughafenbetreiber war.

Was ist im Mittelstand anders als bei Dax-Firmen?

Rust: Wie ein Manager oder eine Managerin mit Marketingfragen umgeht, ist nach unseren Erkenntnissen nicht von der Firmengröße abhängig. Das Problem ist natürlich bei kapitalmarktfinanzierten Unternehmen, dass sie noch anderen Zwängen unterliegen als denen des Marktes für ihre Produkte, vor allem der Rendite. Das ist ein abstrakter Wert, der eigentlich eher Erwartungen dokumentiert. Der Aktienkurs ist für sich genommen irrational. Er hat wenig Einfluss darauf, wie die Marke in der Alltagskultur der Verbraucher ankommt. Doch er dominiert das Handeln der Manager. Sie werden von außen zu kurzfristigen Erfolgen gedrängt. Sie sind jung und brauchen das Geld. Der Markenwert muss Geldwert sein, sofort, sonst reagieren die Finanzmärkte. Nicht die Marke ist bedeutsam, sondern deren Monetarisierung. Mancher Konzern, der eigentlich Produkte herstellt oder Dienstleistungen offeriert, wird so zum Finanzunternehmen.

Welche Folgen hat eine Fixierung auf Kennziffern für die Marken?

Rust: Langfristig führt das zu einem Innovationsdefizit, weil keine Geduld mehr herrscht, langfristige Produktlinien aufzubauen und zu pflegen und im Kundendialog neue Welten zu entwerfen. Das lässt sich zum Beispiel am Thema Auto sehr anschaulich verdeutlichen. Wer junge Leute nach dem Auto der Zukunft fragt, stößt kaum auf revolutionäre Ideen. Die Antworten reproduzieren immer die Hierarchie der gerade laufenden Medienberichterstattung, und – wie wir in einem Projekt herausgefunden haben – die Fantasien erinnern fast immer an eine Art Golf IV, in Schwarz. Das einzig Revolutionäre ist die Musikanlage, die irgendwie dem iPod ähneln soll. Die Erwartung ist aber, dass die Hersteller Informationen liefern, welche Möglichkeiten denn technologisch in der Zukunft bestehen. Das übrigens, wie wir in der letzten Phase des Projekts bestätigt fanden: weltweit. Auch und vor allem im Online-Auftritt. Es ist viel wichtiger, klar zu informieren, was man kann und was man will, wer man ist und welches Angebot man machen kann, als irgendwelche Guerilla-Marketing-Aktionen zu unternehmen. Das schafft letztlich Vertrauen.

Was speist außer Glaubwürdigkeit die Innovationskultur?

Rust: Das Wissen, dass die Zukunft nicht berechenbar ist und dass man mit unglaublich vielen Überraschungen zu kämpfen hat. Der einzige Weg ist die konsequente Beharrung auf der eigenen Kernkompetenz und der Kenntnis der kulturellen Grundlagen der Märkte. Dem Management kommt die Rolle zu, die neu erschienenen Produkte in ihrem ästhetischen und funktionalen Wert für den Alltag zu entwickeln. Solche Kaskaden wie bei den Apple-Produkten sind unvorhersehbar. Sie kommen, und sie können ebenso schnell wieder verebben. Der Zufall ist gewaltig.

Wenn der Zufall gewaltig ist, wie kann ein Management agieren?

Rust: Ich möchte mit einem Satz von Schumpeter antworten, aber nicht mit dem Spruch über die „kreative Zerstörung". Viel wichtiger ist eine Bemerkung, dass es in der Wirtschaft und in der Wirtschaftswissenschaft zwar darum geht, die Realität unter wirtschaftlichen Aspekten zu begreifen. Aber, sagt Schumpeter, nur solange es geht. Dann ist es notwendig, psychologisch oder soziologisch zu denken. Viele Manager vergessen diese Einschränkung. Sie wollen alles berechnen bis in die letzte Dezimalstelle. Was nicht berechenbar ist, ist für sie nicht Markt und Realität.

Dabei nutzen Marketing-Manager 360-Grad-Modelle, Best Practices und Touchpoints, um die Welt der Konsumenten ganzheitlich zu erfassen ...

Rust: ... und ignorieren, dass es keine abstrakten Märkte gibt, sondern nur den Alltag, in dem Menschen Autos kaufen und fahren, telefonieren und viele andere Dinge tun. Die Möglichkeit zur Exegese von Best Practices, um Management-Wissen abzuleiten, ist beschränkt. Denn Best Practices sind kontextgebunden. Und wer sagt, er schaue auf die Welt in 360 Grad, läuft im Kreis.

Vita

Prof. Dr. Holger Rust ist Professor für Soziologie mit den Schwerpunkten Arbeit, Wirtschaft und Karriere an der Universität Hannover. Zuvor lehrte und forschte er als Gastprofessor in Salzburg und Wien und arbeitete als Berater für das führende österreichische Wirtschaftsmagazin „trend". Er war Mitglied in der Beratungsgruppe des ehemaligen österreichischen Bundeskanzlers Franz Vranitzky im renommierten Projekt „Themen der Zeit" und verantwortliches Mitglied im Leitungs-Team des österreichischen Delphi-Projekts. Als wissenschaftlicher Berater des VW-Konzerns entwickelte Rust ein Audit-System für die Qualitätssicherung bei der Auswahl von Führungskräfte-Coaches. Zudem war er Mitglied in der Arbeitsgemeinschaft „Elitenintegration" der Berlin-Brandenburgischen Akademie der Wissenschaften und ist Wissenschaftlicher Beirat des Artop-Instituts an der Humboldt-Universität Berlin.

Raus aus der Einbahnstraßen-Kommunikation

Interview mit Hubert Sichler, Serviceplan Health & Life

Aus media spectrum 11 2011

Hubert Sichler, Geschäftsführer Serviceplan Health & Life, über die aktuellen Entwicklungen im Healthcare-Marketing und die Kundenausrichtung seiner Agentur.

Isabel Kiely

Wie bewerten Sie die derzeitige Entwicklung der Werbeinvestitionen im Healthcare-Markt?

Hubert Sichler: Die Entwicklung der Werbeausgaben läuft im OTC-Bereich und im Verordnungsbereich momentan etwas gegensätzlich. Im klassischen RX-Bereich stagniert das Geschäft. Ein Grund dafür ist die aktuelle, auf Kostensenkung programmierte Gesundheitspolitik, auf die die Branche reagieren muss. Zudem führen die Auswirkungen von Rabattverträgen dazu, dass viele Pharmaunternehmen weniger stark für einzelne Marken werben. Die Werbeaufwendungen im RX-Bereich sind daher eher rückläufig. Im OTC-Geschäft ist es umgekehrt. Jährlich werden etwa 500 Millionen Euro in OTC gesteckt, und im Moment haben wir dort etwas steigende Werbeaufwendungen. Das liegt unter anderem an mehreren Produktneueinführungen im OTC-Markt. Diese Entwicklung gibt Hoffnung, denn die letzten Winter waren für die OTC-Branche nicht sehr erfolgreich.

Wie spiegeln sich diese Entwicklungen bei Ihren eigenen Kunden wider?

Sichler: Im RX-Bereich macht sich das natürlich bemerkbar. Dort betreiben unsere Kunden in diesem Jahr eher konservative Budgetpolitik. Im OTC-Segment sind die Kunden investitionsfreudiger. Gerade haben wir in diesem Bereich neue Werbespots fertiggestellt, beispielsweise für Calzium Sanoz, für Omeb und für unseren Klassiker ACC akut.

Welche Auswirkungen hat die neue Gesundheitsreform auf Ihre Agenturausrichtung?

Sichler: Es ist pharmapolitisch absehbar, dass das reine Pharmageschäft für uns als Agentur langfristig nicht ausreichen kann, um zu wachsen. Der Anteil der Neueinführungskampagnen, um die wir pitchen können, sinkt. Ein Beispiel: Boehringer und Lilly bringen neue Diabetes-Präparate in Deutschland gar nicht mehr auf den Markt. Es lohnt sich für große Pharmaunternehmen nicht mehr, Arzneimittel auf den eigentlich drittgrößten Pharmamarkt der Welt zu bringen, wenn dort ein Preisdiktat besteht. Fakt ist: Wenn sich andere Pharmaunternehmen ähnlich verhalten, dann wird sich das natürlich auf das RX-Geschäft auswirken, das schon immer stark von der Einführung neuer Arzneimittel gelebt hat. Das ist eine Entwicklung, der wir momentan mit etwas Unwohlsein zuschauen.

Und deshalb versuchen Sie, verstärkt Unternehmen außerhalb der Pharmabranche als Kunden zu gewinnen?

Sichler: Ja. Wir wollen uns noch stärker in Märkte begeben, die einen Beitrag zur Gesundheit leisten, zum Beispiel Functional Food. Es gibt ja mittlerweile den Trend, Nahrungsmittel mit Nahrungsergänzungsmitteln anzureichern und Nahrungsmittel zu entwickeln, die etwa im Bereich des zentralen Nervensystems gegen Demenz helfen können. Gesundheit ist ein essenzieller Wert in unserer Gesellschaft. Daher werden zunehmend Zwitterprodukte auf den Markt kommen, die einen Grundnutzen haben und gleichzeitig der Verbesserung des Gesundheitszustandes dienen. An dieser Entwicklung wollen wir partizipieren.

Im Geschäftsjahr 2009/2010 konnten Sie ein Wachstum von 24 Prozent verzeichnen. Wie haben sich Ihre Umsätze seitdem entwickelt?

Sichler: Im Moment wachsen wir nicht. Wir sind in einem sehr restriktiven Geschäft unterwegs und versuchen daher, unser Geschäft vor allem qualitativ voranzutreiben. Nach einer Wachstumsphase brauchen wir jetzt eine Phase der Konsolidierung. Wir passen unsere Ressourcen an und kümmern uns verstärkt um die Kundenbindung. Diese Aufgaben sind für mich mindestens genauso wichtig wie Wachstum.

Wie entwickelt sich der Mediamix Ihrer Kunden vor dem Hintergrund der digitalen Kommunikation?

Sichler: Der Rückgang von klassischen Werbemitteln verlagert sich zugunsten der digitalen Kommunikation. Allerdings ist im OTC-Geschäft TV immer noch das Zauberwort.

Welche Bedeutung hat Online in der Healthcare-Branche?

Sichler: Der Gesundheitsmarkt spiegelt sich vor allem im Internet wider. Ein Großteil der Suchanfragen von Google bewegt sich im Gesundheitsumfeld. Für mich stellt sich vor diesem Hintergrund die Frage, warum die Pharmaindustrie das Internet für intelligente Werbeauftritte nicht stärker nutzt. Bewegte Bilder bieten die besten Voraussetzungen für eine exzellente Internetkampagne – und das jenseits der Qualität von Bannern oder Skyscrapern. Zudem können online interessante Werbeformen eingesetzt und interaktive Elemente eingebunden werden. Hinzu kommt der direkte Dialog mit den Konsumenten. Diese Möglichkeiten werden im OTC-Geschäft noch nicht ausreichend genutzt.

Gilt das auch für den RX-Bereich?

Sichler: Ja. Auch dort ist der Anteil an Onlinemaßnahmen noch relativ gering. Denn der Arzt hat wenig Zeit, während seiner Arbeitszeit ins Internet zu gehen, und nutzt es in der Regel nur privat am Abend. Meiner Ansicht nach ist das Internet vor allem als Verlängerung einer Dienstleistung zu sehen, die der Arzt gegenüber seinen Patienten erbringt. Wenn es um Disease Management geht, gibt es sehr viele Möglichkeiten, dem Patienten Service zu bieten. Diese werden sicher in Zukunft an Bedeutung gewinnen. Andere Länder, zum Beispiel Großbritannien, sind dort schon viel weiter.

Welche Rolle spielt Social Media im Gesundheits-Segment?

Sichler: Social Media im Pharmabereich ist mit den beiden Worten zu charakterisieren, die man aus der Fernsehwerbung kennt: Risiken und Nebenwirkungen. Ich bin hinsichtlich der sozialen Netzwerke etwas skeptisch. Wenn ein Unternehmen eine klare Strategie entwickelt und die One-to-One-Kommunikation entsprechend pflegt, kann Social Media ein guter Kanal sein. Social-Media-Maßnahmen brauchen klare Kommunikationsziele und die entsprechenden Ressourcen. Sind diese nicht vorhanden, halte ich diesen Kanal für sehr gefährlich, weil er sich stark verselbstständigen kann.

Raten Sie Ihren Kunden vor diesem Hintergrund von Social-Media-Kampagnen ab?

Sichler: Nein, aber wir versuchen klarzumachen, dass der Einsatz stark von den Zielen abhängig ist. Und vor allem muss eine klare, durchdachte Strategie zugrunde liegen. Wenn beispielsweise ein Präparat für einen bestimmten Lifestyle gemacht ist, wie etwa die Anti-Baby-Pille, kann eine Social-Media-Kampagne der richtige Weg sein. Aber im sensiblen Arzneimittelbereich ist der Einsatz von Social-Media-Marketing nicht immer sinnvoll.

Welche Kommunikationsinstrumente sind bei der Endverbraucheransprache Ihrer Erfahrung nach am vielversprechendsten?

Sichler: Ganz klar TV. Denn Fernsehwerbung bietet die Kombination aus schnellem Reichweitenaufbau, guter Durchdringung der Zielgruppe und guter Planbarkeit. Zielgruppen können mit TV gut ausgesteuert und emotional angesprochen werden.

Und welche Kanäle funktionieren aus Ihrer Sicht in der Healthcare-Kommunikation eher weniger?

Sichler: Ich glaube, der Kanal, der im Healthcare-Bereich am meisten Schwierigkeiten bereitet, ist Funk. Da erreiche ich Menschen nur eindimensional über die Ohren. Ein unterschätztes Medium aus meiner Sicht ist Plakat. Hier lassen sich schnell hohe Reichweiten und hohe Aufmerksamkeit generieren. Der Einsatz ist besonders bei Produkteinführungen sinnvoll. Zudem kann das Medium punktgenau neben der Apotheke platziert werden.

Welche Rolle spielt die klassische Printanzeige heute noch?

Sichler: Sie eignet sich zur Markenpflege und für den Aufbau von Markenvertrauen. Außerdem berücksichtigen klassische Anzeigen die Mediennutzung bestimmter Zielgruppen: Bei Produkten für die Generation 60plus ist Print aus meiner Sicht ein sehr wirkungsvolles Medium. Beispiel Apotheken Umschau: Das Medium ist nah am Verkaufsort, nah am Bedürfnis der Zielgruppe, und es ist gut gemacht. Um ältere Zielgruppen zu erreichen, hat Print aus meiner Sicht den gleichen Stellenwert wie das Fernsehen.

Aktuelle Studien belegen die zunehmende Bedeutung von mobiler Werbung. Macht sich das auch im Healthcare-Bereich bemerkbar?

Sichler: Nein, Mobile Marketing ist im Gesundheitsbereich in Deutschland noch nicht richtig angekommen. Auch die Nachfrage nach Apps hält sich noch in Grenzen. Selbst der QR-Code wird in Deutschland so gut wie nicht in Healthcare-Anzeigen eingesetzt, obwohl er einen idealen Anknüpfungspunkt für die Vernetzung der Printkampagne mit Mobile Marketing oder dem Internet bietet. Aber ich glaube, das wird sich ändern. Denn wir werden in Zukunft stärker in Kategorien wie Kundenbindung denken müssen. Und da ist Service natürlich ganz wesentlich. In diesem Bereich bietet Mobile enorme Chancen. Denkbar sind etwa hilfreiche Informationsangebote und Handlungsanweisungen zu einer Erkrankung, die der Patient ganz einfach auf das Smartphone bekommt.

Crossmedia wird heute als notwendiger Bestandteil der Kampagnenführung gesehen. Wie crossmedial sind Pharmakampagnen?

Sichler: Leider in der Regel nicht sehr crossmedial. Idealerweise sind Pharmakampagnen multimedial und exzellent vernetzt, aber die Budget-Wirklichkeit erlaubt das oft nicht. In der Regel gibt es eine Konzentration auf ein bis zwei Leitmedien. Dabei ist TV-Print immer noch die Königs-Disziplin. Das geht meiner Meinung nach leider zu sehr auf Kosten von Internet.

Gibt es heute noch Unterschiede zwischen Healthcare-Marketing und Werbung im Markenartikel- und Dienstleistungsbereich?

Sichler: Nein, denn die KPIs sind die gleichen. Die Gründe für eine Kaufentscheidung sind über alle Branchen hinweg gleich, egal ob ich ein Hustenmittel kaufe oder eine Waschmaschine. Man kauft Marken, wenn sie von Freunden oder kompetenten Personen empfohlen werden, wenn die Qualität stimmt und wenn der Service gut ist. Der einzige Unterschied: Wir müssen uns in einem Slalom aus Regulationen und Gesetzen bewegen.

Wie wichtig ist in der Pharma-Kommunikation der Unterhaltungswert einer Kampagne? Oder reicht auch die pure Information?

Sichler: Wenn Sie jetzt fragen würden: „Ist Humor der Schlüssel zu Pharma-Werbung?", dann würde ich sagen: „kritisch". Hohes Involvement und das Anrühren von emotionalen Schlüsselpunkten – das sind eigentlich die Zauberworte. Lachen muss nicht das auslösende Moment sein. Aber ich muss berührt sein. Wir haben schon häufig Kampagnen entwickelt, die mit einem Augenzwinkern funktionieren. Man muss in diesem Bereich allerdings sehr vorsichtig sein, wie man dieses Augenzwinkern einsetzt.

Wo sehen Sie zukünftige Trends im Healthcare-Marketing?

Sichler: Ganz offensichtlich geht natürlich der Trend in Richtung Digitalisierung der Kommunikation. Er ist zwar noch nicht Wirklichkeit geworden, aber ich glaube, dass die Notwendigkeit, die neuen Kommunikationswege zu nutzen, größer wird. Wir müssen schneller werden, aus der Einbahnstraßen-Kommunikation herauskommen und versuchen, in den Dialog mit den Verbrauchern zu treten. Denn wir brauchen das permanente Feedback unserer Zielgruppen. Und dazu bieten die digitalen Medien, wie Bewegtbild oder Mobile, wesentlich bessere Möglichkeiten als alle anderen Kommunikationskanäle.

Vita

Hubert Sichler ist seit 1997 Geschäftsführer der Strategie- und Kreativagentur Serviceplan Health & Life in München. Sichler blickt auf über 20 Jahre Erfahrung in der Betreuung von OTC- und RX-Präparaten sowie bei Medizintechnik, Medien und im Kosmetikbereich zurück. Der Dipl.-Wirtschaftsingenieur ist Autor zahlreicher Fachbeiträge für diverse Medien, schreibt Blogs und tritt als Referent bei Veranstaltungen und Seminaren auf. Sein Kern-Thema ist „Pharma und Marke" und das Verhältnis von Kontinuität und Innovation in der OTC-Markenführung.

Kapitel 3
Ausgewählte Best-Practice-Beispiele

„Social Media erzeugen eine gnadenlose und gute Transparenz."

Interview mit Thomas Voigt, Otto Group

Aus media spectrum-Begleitheft Wiesbadener Media & Marketing Kongress 2012

Im Interview spricht Thomas Voigt, Direktor Wirtschaftspolitik und Kommunikation, Otto Group, Hamburg, über die Rolle von Social Media im Marketing und die Chancen und Bedingungen des Multichannel-Handels.

Hergen Riedel

Über 120 Einzelgesellschaften, mehr als 50 Online-Shops. Welche Bedeutung hat der Online-Handel für die Otto Group?

Thomas Voigt: Eine sehr große. Die Otto Group erreichte 2010/11 über 11,4 Milliarden Euro Umsatz, davon über die Hälfte Online. Das macht sie im B-to-C-Geschäft zum weltweit größten Online-Händler für Mode und Lifestyle. Insgesamt rangiert der Konzern auf Platz zwei, hinter Amazon. Zum Vorjahresplus von 12,6 Prozent trugen alle drei Säulen bei: Handel, Finanzdienstleistungen, Service. Dazu gehören die EOS-Gruppe ebenso wie der Logistiker Hermes. Das größte Segment aber ist der Einzelhandel. Hier finden sich traditionelle Marken wie Baur, Quelle oder Sportscheck. Aber ebenso neue wie shopping24, mytoys.de oder der Internet-Schuhshop Mirapodo. Und die Keimzelle des Konzerns, Otto: ein profitabler Universal-Marktplatz, permanent in Bewegung, der bereits drei Viertel des Umsatzes online generiert.

Welche Bedeutung hat der Versand?

Voigt: ... den wir nicht mehr Versand, sondern Multichannel-Einzelhandel nennen. Mit rund zehn Milliarden Umsatz ist er das größte Segment. Der Kunde kann wählen, ob er stationär, über Katalog oder online bei den Konzernfirmen der Otto Group einkauft.

Und trotzdem findet Otto den Katalog immer noch gut?

Voigt: Kataloge sind für viele Marken wichtig, um Kunden zu inspirieren. Als Bestell-Medium nimmt seine Bedeutung ab. Er wandelt sich vom Vertriebs- zum Marketing-Instrument. Nur noch wenige bestellen per Karte, und auch die Order per Telefon gehen zurück – zugunsten der Bestellung online.

Wie teilen sich Katalog und Internet die Arbeit? Wie erlebt der Kunde das Multichannel-Konzept?

Voigt: Das ist höchst unterschiedlich. Es gibt katalogaffine Kunden, die sich ausschließlich vom Katalog inspirieren lassen und daraus oder online bestellen. Für diese Zielgruppe hat der dicke Hauptkatalog, den wir nur noch bei Otto anbieten, noch eine hohe Bedeutung. Die Mehrheit der Kundinnen lässt sich durch Angebotskonzepte online begeistern. Wir haben aber beobachtet, dass ein Kunde, der mehrkanalig mit unseren rund 60 Kataloganstößen angesprochen wird, werthaltiger und bindungsfreudiger ist. Das gilt auch für jene, die über Otto.de zu uns gestoßen sind. Es bleibt aber dabei: Online ist der führende Vertriebskanal.

Welche Rolle spielt Social Media?

Voigt: Das Internet ist ein Massenmedium. Soziale Plattformen machen deutlich, dass es ein massenhaft genutztes Individualmedium ist, das einen authentischen, schnellen und persönlichen Dialog erfordert. Soziale Plattformen funktionieren als Forum zum Austausch über und zur Bewertung von Produkten und Dienstleistungen. Oder die Kunden nutzen sie, um mit Otto direkt in Kontakt zu treten. So wird ein Unternehmen im Idealfall zum persönlichen Gesprächspartner – für viele einsehbar. Social Media forcieren diese Beratung, weil wir in Echtzeit dem Kunden Rede und Antwort stehen, wenn er etwa über unsere Facebook-Plattform anfragt.

Bleiben wir beim Dialog: Wie muss man sich den vorstellen?

Voigt: Viele Menschen schätzen – bei aller Technisierung – immer noch den persönlichen Kontakt. Sie rufen an, mailen oder facebooken, um Fragen zu stellen, sich beraten zu lassen oder auch um Ärger loszuwerden. Bei sozialen Netzwerken wird der Dialog öffentlich, die Kommunikation Kunde – Otto wird für alle transparent. Der Begriff Plattform bedeutet im Sinne des Wortes: Das Publikum sieht Otto und dem Kunden wie auf einer Bühne zu. Das erzeugt eine gnadenlose und wie wir finden gute Transparenz über Angebote, Qualitäten, Services oder Preise.

Mit welchen Vorteilen gegenüber welchen Wettbewerbern?

Voigt: Otto bietet ein gutes Sortiment, ein gutes Preis-Leistungs-Verhältnis und nachhaltig produzierte Waren. Das Asset ist aber die lange Tradition, mit dem Kunden über Distanz zu kommunizieren und beste Services anzubieten. Diese Kompetenz haben wir nun seit einigen Jahren zum Dialog x.0 über Internet und Facebook weiterentwickelt.

Ein Kunde hat aktuell auf der Otto-Facebook-Seite gepostet: „Meine Playstation ist kaputt ..."

Voigt: ... und in 23 Minuten sollte er eine Antwort von uns haben. Rund 50 Kollegen bei Otto haben den Lead, dass in 30 Minuten jeder seine Antwort bekommt.

Jeder?

Voigt: Meine Kollegen screenen alle Äußerungen im Netz und versuchen dann, so schnell wie möglich zu posten, wenn es sinnvoll ist. Wenn jemand postet „Otto find' ich gut", freuen wir uns, reagieren aber nicht. Kommen aber Anfragen nach Beratung oder Service, reagieren wir sofort. Otto ist auf sozialen Plattformen ja in Ist-Zeit mit dem Kunden verbunden. Das erzeugt ein hohes Maß an Authentizität und Vertrauen, auch und gerade, wenn es Ärger geben sollte.

Lässt sich der Dialog quantifizieren?

Voigt: Vor einigen Jahren waren nur wenige, vielleicht 20 Posts pro Woche im Netz zu finden. Heute sind es sicher 1.500 Themen pro Tag, die Otto betreffen – über alle Sites, Foren und Plattformen betrachtet.

Otto nutzt Social Media nicht nur für den Dialog, sondern auch im Marketing. Was ist das Ziel, was ist der Return on Invest?

Voigt: Das Ziel ist, spannenden Gesprächsstoff anzubieten, der zur Marke Otto mit seinen Werten und Angeboten führt. Das kann der viel zitierte und oft prämierte Fashionblog „Two for Fashion" sein. Das können unterhaltsame Videos auf YouTube sein. Und das können spannende Diskussionen, Contests, Angebote oder virtuelle Anproben auf Facebook sein. Content ist hier King und nicht die vordergründige Umsetzung von Push-Promotions. Der Kunde sucht Unterhaltung, Talk, Trends und ja, auch Angebote, wenn sie wirklich relevant sind. Derjenige, der es schafft, dass die Zielgruppe ihn auch Online relevant findet, agiert glaubwürdig im Internet.

... und der Return on Invest?

Voigt: Noch ist es gesicherte Hoffnung. Wir glauben daran, dass der führende Fashion- und Lifestyle-Händler online auch in Social Media Flagge zeigen muss. Otto hat derzeit allein auf Facebook rund 380.000 Fans. Doch der Wert eines Fans lässt sich heute ebenso wenig seriös beziffern wie der ROI des Social-Media-Engagements. Aber die Branche und wir arbeiten daran.

Wo liegen die Grenzen der Markenpflege via Facebook?

Voigt: Soziale Netzwerke wie Facebook und Google+ sind keine Selling-Plattformen. Wer Social Media nutzt, erwartet, Freunde zu treffen und keine Verkäufer. Wer glaubt, Social Media sei nur eine Verlängerung klassischer Vertriebs- und Marketingkommunikation, der wird scheitern.

Die Kunden kommunizieren via Facebook untereinander. Wo liegt der Nutzen?

Vogt: Im besten Fall sprechen die User positiv über die Marke und deren Angebote. Empfehlungen im Freundes- und Userkreis haben eine ungeheuer hohe und steigende Bedeutung für die Anbieter auch von Waren und Dienstleistungen. Das Empfehlungsmarketing bekommt hier eine neue Dimension und Chance, die es zu nutzen gilt.

Wie ist der Schaden, wenn User sich zu Owners of the Brands aufschwingen?

Voigt: User werden nicht gleich zu Owners of the Brand, aber zu Owners of Brand Communications. Kommunikation in sozialen Netzwerken ist eben nicht steuerbar, und man sollte sich nicht der Hoffnung hingeben, man könne sie steuern. Man tut sich einen Gefallen, die Crowd so ernst wie die eigenen Kunden zu nehmen. Manchmal kann man damit einen aufkommenden Shitstorm sogar ins Positive verkehren. Als wir vor zwei Jahren zu einem Model-Contest aufriefen und das Voting von einem männlichen Spaßvogel in Damenkleidern gewonnen wurde, haben wir souverän den männlichen Brigitte prämiert. Das honoriert die Community.

Generell gesprochen, wird der Spielraum für Marken, Leistungsversprechen nicht einzuhalten, eben enger. Die Nutzer tauschen eben offen aus, ob hinter der Markenwelt tatsächlich das steckt, was die Marke verspricht. In kritischen Usern stecken für die Unternehmen aber auch Chancen.

... die sie wie hoch bewerten?

Voigt: Für Otto zählt: Wir irren uns voran – aber voran, um zu lernen und stetig besser zu werden. Kritik hilft, unsere Angebote, Services und Prozesse besser zu machen. Und Kritik hilft manchmal, souveräner mit unberechtigter Kritik umzugehen. Nicht alles, was die Community zum Shitstorm ausruft, weht länger als ein laues Lüftchen. Negative Wertungen und Einschätzungen Einzelner gefährden nicht gleich eine Marke, die wie Otto auf eine lange Tradition, Millionen zufriedener Kunden und eine hohe Dialog-Kompetenz zählen kann – sei sie nun direkt oder über soziale Medien wie Facebook.

Vita

Thomas Voigt ist seit 2004 Direktor Wirtschaftspolitik und Kommunikation bei der weltweit tätigen Otto Group, Hamburg. Zuvor hat der 52-jährige die Branche lange Jahre als Journalist begleitet. Nach dem Studium der Kommunikationswissenschaften und Betriebswirtschaftslehre begann Voigt seine berufliche Laufbahn als Volontär und später als Redakteur bei W&V – Werben & Verkaufen. Von 1989 bis 1997 war er Chefredakteur von W&V und HORIZONT. Ab 1997 bis 2004 betreute er als Chefredakteur das Unternehmermagazin Impulse und später das junge Wirtschaftsmagazin BIZZ. Der Handels- und Kommunikationsexperte wurde 2009 mit dem renommierten Preis „PR-Professional des Jahres" des PR-Reports ausgezeichnet. Für einen frühen Beitrag über Social Media wurde er bereits 2009 von W&V zum „Zeichensetzer des Jahres" gekürt.

„Nur einem beständigen Unternehmen schenkt man Vertrauen."

Interview mit Orazio Costadura, Audi AG

Aus media spectrum-Begleitheft Wiesbadener Media & Marketing Kongress 2012

Orazio Costadura, Leiter Marken- und Kundenstrategie bei Audi, über stringente, ganzheitliche Markenführung und die Überschätzung der Gefahren, die von Social Media ausgehen.

Imke Sander

Audi hat eine interessante Markengeschichte hinter sich und sich in den Neunzigern vom Mittelklasse- zum Premiumsegment gewandelt. 2011 hat Audi mit 44 Milliarden Euro so viel Umsatz gemacht wie noch nie zuvor. Inwieweit ist das auf die Markenstrategie der vergangenen Jahre zurückzuführen?

Orazio Costadura: Die Marke Audi ist so stark geworden, weil wir über Jahrzehnte hinweg den Fokus auf unseren Markenkern „Vorsprung durch Technik" beibehalten haben. Technik bedeutet ja nicht nur technische Lösungen, sondern auch technische Prozesse und Vorgehensweisen. Wir füllen in allen diesen Aspekten unseren Markenkern mit Leben.

Audi schneidet in Studien zum Thema Markenbindung sehr gut ab. Wie steuern Sie das aktiv?

Costadura: Wir verstehen die Marke ganzheitlich und stellen sicher, dass alle Gruppen, die mit Audi in Kontakt treten – seien es Kunden, Geschäftspartner, Lieferanten, Agenturen oder auch Bewerber – ein schlüssiges Gesamtbild unserer Marke und damit unseres Markenkerns erhalten. Und wir wollen, dass alle Aktivitäten ohne Ausnahme auf diesen Markenkern einzahlen.

Wie sieht das schlüssige Gesamtbild aus?

Costadura: Unser Ziel ist es, die progressive Marke im Premiumbereich zu sein und Menschen anzusprechen, die diese zukunftsorientierte Grundhaltung mit uns teilen. So wollen wir immer und überall wahrgenommen werden. Nur einem beständigen Unternehmen schenkt man Vertrauen. Nicht umsonst gibt es unseren Claim „Vorsprung durch Technik" schon seit 1971.

Welche Bedeutung hat Nachhaltigkeit für die Marke Audi?

Costadura: Nachhaltigkeit war schon immer Teil unseres Markenkerns, weil wir als progressiv-orientierte Premiummarke natürlich ganz besonders in die Zukunft blicken. Das haben wir in der Vergangenheit unter anderem im Leichtbau oder durch energiesparende Technologien im gesamten Antriebsstrang gezeigt. Wir sehen Nachhaltigkeit als Teil der unternehmerischen Verantwortung und leben diesen Wert auch über die gesamte Produktpalette. Dabei achten wir darauf, dass all unsere Produkte und Aktivitäten die Markenwerte als Ganzes verkörpern und setzen weniger auf einzelne Leuchtfeuer, die schnell erlöschen.

Im Vergleich zum ersten Quartal 2011 hat Audi 2012 laut Nielsen die Spendings verdoppelt. Wofür?

Costadura: Für Kommunikationsanlässe, die wir in so geballter Form im Vorjahr nicht hatten. Etwa die Markteinführung des A1 Sportback und die Neuauflage des A4, unseres meistverkauften Modells. Darüber hinaus haben wir in den vergangenen Wochen eine umfangreiche Markenkampagne gestartet.

Warum diese stärkere Fokussierung auf die Marke?

Costadura: Audi bringt immer mehr Produkte auf den Markt. Daher sehen wir perspektivisch die Notwendigkeit einer stärkeren Trennung zwischen reiner produktbezogener Kommunikation und Markenkommunikation. Wir wollen differenzieren und die Marke noch stärker herausarbeiten. Die aktuelle Kampagne ist ein erster Schritt in diese Richtung.

Haben sich die Regeln für die Markenführung vor dem Hintergrund der Digitalisierung und der sozialen Netzwerke verändert?

Costadura: Nein, sie haben sich nicht verändert. Für unsere Markenkommunikation sind einfach neue Kanäle dazugekommen. Ich glaube, Social Media ist eine Riesenchance, um eine deutlich engere Bindung des Kunden zu erreichen. Durch den verstärkten Dialog mit den Kunden können wir am eigenen Produkt und an den eigenen Dienstleistungen besser und gezielter arbeiten. Deshalb gehen wir aber nicht grundsätzlich anders an unsere Markenstrategie heran.

Aber: Lassen sich Marken in digitalen Zeiten überhaupt noch führen?

Costadura: Mit dieser Frage setzen wir uns stetig auseinander. Es gibt ja auch Marken, die sehr stark fremdgeführt und dennoch erfolgreich sind.

Zum Beispiel?

Costadura: Zum Beispiel die Open-Source-Software Linux, Wikipedia oder auch Facebook. Es gibt genügend Beispiele von Marken, die stark sind und dennoch zu einem sehr großen Teil von Konsumenten gesteuert werden. Ich habe aber absolut keine Bedenken, dass wir auch in einem von Social Media geprägten Umfeld die Marke gezielt werden steuern können.

Welche Rolle spielen Social Media denn konkret in Ihrer aktuellen Strategie?

Costadura: Wir werden in allen Kernkanälen wie Facebook, Twitter und YouTube aktiv und erweitern unser Portfolio beständig – je nach den individuellen Gegebenheiten an den weltweiten Märkten.

Wie messen Sie, inwieweit Social Media auf die Marke Audi einzahlen?

Costadura: Wir haben natürlich quantitative Messmechanismen. Aber eine bestimmte Anzahl von Fans ist natürlich nicht alles. Entscheidend ist doch, wie sich der Dialog zwischen Marke und Usern qualitativ entwickelt, mit welchem Engagement die Menschen mit Audi in Kontakt treten. Auch das messen wir über eine Vielzahl an Parametern, beispielsweise die durchschnittliche Anzahl an Posts pro User.

Wie setzen Sie das Thema Social Media strukturell um?

Costadura: Das ist ganz klar ein gesamtunternehmerisches Thema. Wir haben Mitarbeiter im Vertrieb, in der Kundenbetreuung, Qualitätssicherung, Produkthaftung, Marketingkommunikation, aber auch in der Markenstrategie, die sich mit Social Media befassen. Entscheidend ist hier vor allem die schnelle Vernetzung über die Bereichsgrenzen hinweg.

Inwieweit nutzen Sie für Ihre Markenstrategie Agentur-Know-how?

Costadura: Das ist sehr bedarfsorientiert. Wir arbeiten immer wieder mit Agenturen zusammen – auch um unseren eigenen Stand zu hinterfragen und gemeinsam neue Ideen zu kreieren.

Was hinterfragen Sie?

Costadura: Beispielsweise, wie wir unsere Ressourcen einsetzen und wie die Verteilung für welche Produkte in den unterschiedlichen Kanälen sein soll. Der Prozess ist fortwährend. Zu diesem Zweck beauftragen wir natürlich auch Marktforschungsunternehmen. Anhand dieser Ergebnisse diskutieren wir dann.

Abschließend: Audi will bis 2020 die erfolgreichste Premiummarke weltweit sein. Wird das klappen?

Costadura: Ja. Wir glauben, dass unser Weg zur Spitze der richtige ist.

Vita

Orazio Costadura ist Leiter Marken- und Kundenstrategie bei der Audi AG. In dieser Funktion zeichnet er für alle Bereiche des Managements und der Entwicklung der Marke Audi verantwortlich, inklusive aller Aspekte der Corporate Identity und Corporate-Design-Richtlinien. Darüber hinaus kümmert er sich um Projekte rund um das Thema Markenbildung. Unter dem Bereich Kundenstrategie ist er zudem für sämtliche Marktforschungsaktivitäten zuständig. Vor seiner derzeitigen Tätigkeit war Orazio Costadura in diversen Führungspositionen im Bereich Produktmanagement und Produktplanung bei Audi und Seat tätig. Er hat einen Abschluss in Luft- und Raumfahrttechnik an der Universität Stuttgart sowie einen Master in Management von der J.L. Kellogg Graduate School of Management. Costadura ist verheiratet, Vater von vier Kindern, italienischer Staatsbürger und hat bereits in Italien, Frankreich, Spanien, Belgien und den USA gelebt.

„Unsere Kernziele sind Imageverbesserung und echte Transparenz."

Interview mit Carmen Borsche, Nestlé Deutschland AG

Aus media spectrum-Begleitheft Wiesbadener Media & Marketing Kongress 2012

Carmen Borsche, Head of Social Commerce bei der Nestlé Deutschland AG, spricht über die Strategie des neuen Online-Marktplatzes und die Chancen von Social Media.

Anja Schüür-Langkau

Im September vergangenen Jahres haben Sie den Nestlé-Marktplatz gestartet. Wie bewerten Sie die Resonanz bisher?

Carmen Borsche: Wir sind mit der Resonanz sehr zufrieden. Allerdings sind wir eigentlich sogar schon etwas früher gestartet, denn wir haben vor dem Launch mit einer Facebook-Seite auf den neuen Nestlé-Marktplatz aufmerksam gemacht. Auf Facebook konnten sich die Nutzer zunächst als „Vorkoster" bewerben. Der Andrang war riesengroß. 1.500 Leute haben sich zum Beginn beworben. 80 User davon haben wir dann in unsere Zentrale und in die Agenturstandorte eingeladen, um unsere Plattform zu testen. Viele dieser Leute sind heute noch auf unserer Seite als wahre Markenbotschafter unterwegs. Sie sind sehr aktiv und moderieren auch schon mal die Diskussionen auf der Plattform. Eine absolute Zahl der aktiven User können wir allerdings nicht genau nennen. Derzeit haben wir auf Facebook ca. 8.300 Fans, die großes Interesse signalisieren und sich vor allem als Produkttester anbieten – und es werden von Test zu Test mehr. Hinzu kommen Nutzer, die auf dem Nestlé-Marktplatz Blog-Kommentare abgeben und die mit ihren Ideen auf uns zukommen. Diese Aktivitäten haben sehr unterschiedliche Facetten. Unsere Erfahrung zeigt aber ganz deutlich, dass die Leute beteiligt werden möchten.

Spielt sich die User-Beteiligung nur auf Ihren Social-Media-Plattformen ab?

Borsche: Wir planen zukünftig eine Verlängerung von Online zu Offline. Die Vorkostertreffen im Vorfeld waren ein erster Schritt, genauso wie unser Smarties Ideenwettbewerb mit ausgewählten Usern. Die Gewinner dieses Online-Wettbewerbs haben wir zu einem Life-Workshop nach Frankfurt in unsere Zentrale eingeladen, wo sie gemeinsam mit Spezialisten aus unserer Innovationsabteilung ihre Ideen weiterentwickelt haben.

Wie funktioniert die Verzahnung zwischen Facebook und dem Nestlé-Marktplatz?

Borsche: Sehr gut. Zwar agieren auf den unterschiedlichen Plattformen zum Teil unterschiedliche Zielgruppen, aber es gibt schon viele Überschneidungen. Insgesamt sind beide Auftritte aufeinander abgestimmt. Facebook ist etwas unterhaltender, der Nestlé-Marktplatz etwas informativer. Facebook ist für uns generell ein guter Trafficbringer, denn viele User finden den Weg zu unserer Plattform über Facebook.

Welchen USP bietet der Nestlé-Marktplatz gegenüber anderen Plattformen?

Borsche: Der Nestlé-Marktplatz bietet Informationen zu allen 72 Marken und rund 1.500 Produkten unseres Unternehmens im In- und Ausland. Dabei gehen wir beispielsweise detailliert auf Allergene, Zutaten und Nährwerte ein, informieren aber auch darüber, wie Nestlé mit Nachhaltigkeit und anderen Themen umgeht. Viele dieser Informationen gibt es zwar schon an verschiedenen Stellen im Netz, auf unserer Plattform sind sie komplett zu finden. Wir bieten den Nutzern die Möglichkeit, mit uns in den Dialog zu treten, und legen Wert auf eine offene Kommunikation.

Können Sie dafür ein Beispiel geben?

Borsche: Gerade am Wochenende hatten wir eine Kritikerin, die um Mitternacht etwas zum Thema Kinderarbeit postete und eine Stellungnahme von Nestlé forderte. Wir sind natürlich sehr dankbar für die Möglichkeit, auch zu kritischen Themen direkt Stellung beziehen zu können. Und auf Diskussionen auf unserer eigenen Plattform können wir natürlich schneller und gezielter reagieren als in irgendwelchen Blogs oder auf anderen Plattformen.

Welche Kriterien für die Erfolgsmessung legen Sie an?

Borsche: Wir nutzen eine Vielzahl von Kriterien, um den Erfolg zu messen. Hauptkriterium ist das Image von Nestlé, das wir über den Brand Monitor messen. Außerdem messen wir die klassischen KPIs wie Visits, Anzahl der Kommentare, Schnelligkeit der Kommentare, Kommentarbeantwortung, aber auch Umsatz. Wir gehen mit diesen Themen sehr analytisch um und arbeiten hier mit unserer Onlineagentur zusammen. Da wir bisher noch keine Userprofile auf unserem Marktplatz haben, ist die Anzahl der Daten noch überschaubar. Zukünftig müssen wir hier aber personell aufrüsten, um mit dem anfallenden Datenmengen umgehen zu können.

Welche Bedeutung hat der Marktplatz im Rahmen ihrer Gesamt-Vertriebsstrategie?

Borsche: Der Marktplatz ergänzt unsere bisherigen Vertriebskanäle. Sicher wollen wir über die Plattform auch Produkte verkaufen, doch wir wollen dem Handel keine Konkurrenz machen. Wir bieten online auf dem Marktplatz ein sehr spezielles Sortiment zum Kauf an, beispielsweise Produkte aus dem Ausland, die hier im Handel nicht verkauft werden. Aus Deutschland bieten wir, abgesehen von ein paar Top-Sellern, primär Randsortimente an, die ebenfalls kaum über den Handel vertrieben werden.

Sieht der Handel den Marktplatz als Konkurrenzkanal an?

Borsche: Diese Befürchtung hatten wir anfangs natürlich, auch wenn wir wussten, dass es keine Konkurrenz ist. Im Gegenteil kommt die Transparenz dem Handel eher zugute und es setzt der RoPro-Effekt (Research online and Purchase offline) ein. Vor diesem Hintergrund bewerten unsere Handelspartner die Plattform inzwischen positiv. Zukünftig werden wir gemeinsam mit dem Handel Couponing-Aktionen anbieten, um den positiven Effekt zu verstärken.

Wie schätzen Sie zukünftig die Bedeutung des Onlinehandels im Vergleich zum stationären Handel ein?

Borsche: Im Hinblick auf die nächsten fünf Jahre wird der Onlinehandel in der Lebensmittelbranche nur einen minimalen Anteil am Gesamtvertriebsumsatz haben. Eine Prognose für die weitere Zukunft ist schwierig. Ich denke aber, dass die Rolle von Online strategisch auch im Vertriebsbereich wächst. Eine Voraussetzung dafür ist aber ein ausgefeiltes Logistiksystem. Hier können wir von den Erfahrungen aus anderen Branchen profitieren.

Zum Start des Portals haben Sie gesagt, dass Sie einen Jahresumsatz von einer bis drei Millionen Euro erwarten. Werden Sie dieses Ziel erreichen?

Borsche: Das Thema Umsatz hatte bei uns immer die Priorität Nummer drei. Wichtigere Ziele sind für uns zum einen, das Image von Nestlé zu verbessern und echte Transparenz zu schaffen. Zum anderen wollen wir so nah wie möglich an den Verbraucher heranrücken. In Bezug auf den Umsatz sind wir zuversichtlich, wobei noch nicht absehbar ist, ob wir innerhalb von drei Jahren die Drei-Millionen-Marke erreichen. Allerdings werden wir in diesem Jahr die Kommunikationskampagne stärker als bisher auf das Thema Shopping ausrichten und dieses Thema weiter vorantreiben. Wir wollen natürlich Umsätze generieren, doch derzeit lernen wir noch, was wirklich relevant ist für die User.

Hat Ihre Social-Media-Strategie Konsequenzen für Ihre Unternehmensstrukturen?

Borsche: Absolut. Es ist zum Teil ein kultureller Wandel, der erst mal gelernt werden muss. Wir sind auf einem guten Weg, wobei die verschiedenen operativen Abteilungen diesen Wandel sehr unterschiedlich aufnehmen. Die einen sehen schon jetzt die großen Chancen, die anderen müssen sich erst noch daran gewöhnen, mit den Kunden direkt zu kommunizieren. Im Großen und Ganzen aber sind wir sehr zufrieden und werden von den Kollegen sehr gut unterstützt. Das gilt vor allem für spezifische Fragen, die nur ein Fachmann beantworten kann. Auch sind wir für den Krisenfall gut gerüstet, denn im Ernstfall muss ein Deeskalationsprozess hundertprozentig funktionieren. Hier sind wir gut aufgestellt, wobei die Aufgaben und Anforderungen weiter wachsen. Ich gehe davon aus, dass wir unser Kernteam mit fünf festen und zwei freien Mitarbeitern zukünftig ausbauen können.

Vita

Carmen Borsche kümmert sich seit 2010 bei der Nestlé Deutschland AG als Head of Social Commerce um die strategische Entwicklung des Social Commerce, bei dem die aktive Beteiligung des Kunden im Vordergrund steht. Unter ihrer Führung entstand auch der Nestlé-Marktplatz, der im September vergangenen Jahres gelauncht wurde. Die studierte Betriebswirtschaftlerin stieg 1996 als Trainee beim Lebensmittelhersteller Nestlé ein. Dort verantwortete sie zunächst als Project Manager und später als Marketing Manager die Sparte Milchprodukte. Nach einer kurzen Unterbrechung als selbstständige Marketingberaterin für die Hochwald Nahrungsmittel Werke stieg sie 2004 wieder bei Nestlé ein, zunächst als Key Account Direktor und ab 2007 als Marketing & Sales Manager.

Der Markenkern steuert die Kommunikation

Interview mit Anders-Sundt Jensen, Mercedes-Benz Cars

Anders-Sundt Jensen, Leiter Markenkommunikation Mercedes-Benz Cars, spricht im Interview über Nachhaltigkeit, die Relevanz der richtigen Markenpositionierung und die Social-Media-Ziele von Mercedes.

Anja Schüür-Langkau

Der Autoexperte Ferdinand Dudenhöfer propagiert, dass Nachhaltigkeit und Umweltfreundlichkeit die Kernthemen sind, die Automarken besetzen sollten. Welche Rolle spielen diese Themen für die Markenstrategie von Mercedes?

Anders-Sundt Jensen: Die Themen Umweltverträglichkeit, Werte und soziale Akzeptanz sind nicht wirklich neu. Für uns sind sie seit Jahren sehr zentral. Kein anderer Automobilhersteller hat derzeit so viele Elektrofahrzeuge wie wir, beispielsweise mit unserer Marke smart oder der A-Klasse E-Cell. Wir sind Vorreiter im Bereich Brennstoffzelle und wir waren die Ersten, die eine Lithium-Ionen-Batterie in große Autos eingebaut haben. Daher stand die Vorstellung der neuen Generation S-Klasse unter der Headline „Mehr Vorbild denn je: Der S400 Hybrid". Die bahnrechenden Erfindungen kommen heute immer noch aus Stuttgart. Wir dominieren als Hersteller seit 125 Jahren die Automobilbranche und besetzen viele der neuen Technologien.

Aber das Thema Nachhaltigkeit steht bei Ihrer Markenstrategie nicht im Vordergrund. Die Marke Mercedes-Benz wird zum Teil anders wahrgenommen.

Jensen: Das ist eine falsche Wahrnehmung. Als ich 2009 als Markenchef begonnen habe, wurde die neue E-Klasse eingeführt. Hier stand die Headline „die neue Effizienz-Klasse" im Vordergrund. Die Autos hatten ein Diesel-Aggregat, 4 Zylinder, 500 Newtonmeter Drehmoment, aber nur 5,3 Liter Verbrauch. Dieser Ansatz hat sich dann auch bei der S-Klasse durchgezogen. Beim Mercedes S 400 wurde ein Hybrid-Motor eingebaut. Mit der BlueEfficiency-Kampagne stand das Thema Umwelt über einen längeren Zeitraum im Mittelpunkt unserer Kommunikation. Generell ist uns die Markenwahrnehmung sehr wichtig. Doch eine Marke muss immer wieder neu aufgeladen und weiterentwickelt werden. Und sie muss stets aufs Neue mit der Kommunikation begleitet werden.

Wie prüfen Sie, wo die Marke gerade steht?

Jensen: Wir messen die Markenwahrnehmung und andere Parameter selbstverständlich regelmäßig. Viele glauben, dass Marketing auf ein wenig Nachdenken und Bauchentscheidung beruht. Doch Marketing ist knallharte und fundierte Checklisten-Arbeit. Und Marketing beruht auf Kontinuität. Man muss einen einmal eingeschlagenen Weg konsequent gehen. Das haben wir getan, und unsere Messergebnisse zeigen, dass die Wahrnehmung und zum Beispiel auch die korrekte Zuordnung von BlueEfficiency zu Mercedes-Benz enorm gestiegen sind. Allerdings muss man das Thema bei uns immer im großen Kontext sehen. Denn wir sind ein Hersteller von sehr anspruchsvollen Autos und möchten eben auch andere Bedürfnisse unserer Kunden abdecken. Das ist eine sehr spannende Gratwanderung bei der Markenpositionierung.

Sie sprachen einerseits vom Thema Kontinuität und andererseits davon, dass eine Marke immer wieder neu aufgeladen und hinterfragt werden muss. Wie viele Strategiewechsel verträgt eine Marke im Spannungsfeld zwischen Innovation und Kontinuität?

Jensen: Das kann man sicher nicht pauschal sagen. Bei Mercedes-Benz Pkw hatten wir sehr wenige Strategiewechsel. Unsere Kernwerte wie Sicherheit, Komfort und Qualität stehen bei uns kontinuierlich im Mittelpunkt der Strategie und der Kommunikation. Wie jede andere Marke auch haben wir zwar einen Findungsprozess durchgemacht und diskutiert, ob unsere derzeitige Positionierung die richtige ist. Wir haben dann die Werte, für die Mercedes-Benz steht, genau geprüft und dann sehr deutlich definiert. So stellen wir jetzt den Führungsanspruch der Marke, der auch in unseren Genen verankert ist, deutlicher heraus. Das ist der unabdingbare Wille zum Gewinnen. Und das hat nichts mit Arroganz zu tun, denn ich glaube, dass jeder, der siegen möchte, auch seine Gegner sehr ernst nehmen muss. Am Beispiel Sport lässt sich das gut darstellen. Ein Sportler, der zu den Olympischen Spielen fliegt, um Gold zu gewinnen, muss seine maßgeblichen Wettbewerber genau im Visier haben und seine Strategie entsprechend planen. Auch wenn er dann nicht gewinnt, heißt das nicht, dass die Strategie falsch war. Es bedeutet, dass man alles noch mal analysieren und aus möglichen Fehlern lernen sollte. Bei der Markenstrategie gehen wir genauso vor. Wir überprüfen immer wieder, was wir tun, ändern operationalisierbare Elemente, behalten dabei aber unseren Markenkern und unser Markenversprechen „Das Beste oder nichts".

Marketingmanager sind dafür bekannt, dass sie sehr schnell den Job und das Unternehmen wechseln. Ein Marketer der Autobranche stellte kürzlich im Kollegenkreis fest, dass jeder in den letzten Jahre schon einmal den Job des anderen innehatte. Wie bewerten Sie die Situation für Ihr Unternehmen? Wie verträgt sich die personelle Halbwertzeit mit der Forderung nach einer kontinuierlichen Markenstrategie?

Jensen: Ein zu schneller Wechsel im Marketing tut den Marken und den Unternehmen sicher nicht gut. Man braucht schon eine gewisse Zeit, um Erwartungshaltungen einzuordnen und sich ein Netzwerk aufzubauen Für unser Unternehmen sehe ich hier kein Problem, denn wir hatten nicht allzu viele Wechsel – was sicher auch an der Faszination der Marke liegt. Ich selbst bin seit 21 Jahren im Unternehmen, habe mich viele Jahre um die Marketing- und Vertriebsstrategie sowie um andere Themen gekümmert und kenne die Marke wahrscheinlich besser als viele andere. Generell aber ist die klassische Marketingfunktion in Unternehmen und auch bei Automobilherstellern eine sehr spezialisierte Aufgabe. Das bedeutet aber auch, dass sich die Weiterbildungs- und Aufstiegsmöglichkeiten auf das Feld Marketing beschränken. Insofern ist ein Wechsel der Positionen innerhalb der Branche nicht so überraschend.

Welche Bedeutung hat die Markenführung?

Jensen: Das Thema Markenmanagement ist für mich das zentrale Thema überhaupt. Das bedeutet das „Hegen und Pflegen" der Marke. Dazu gehören neben der Positionierung der Marke und der Wahrnehmungsmessung natürlich auch Dinge wie Corporate Identity, Corporate Design und Claims. Solche vermeintlichen Kleinigkeiten entfalten eine enorme Wirkung und sind in der Summe extrem wichtig. Aus diesen Voraussetzungen leiten sich alle Aktivitäten ab. Das Verständnis der Marke ist Voraussetzung für die Marketingkommunikation. Um eine Marke in die richtige Richtung zu bewegen, muss man sein Ziel genau vor Augen haben, die richtigen Maßnahmen definieren, und man muss ständig messen, ob man auf dem richtigen Weg ist und gegebenenfalls die Maßnahmen korrigieren.

Es gibt Manager, die davon ausgehen, dass die Marke in der fragmentierten Welt an Bedeutung verliert. Sehen Sie das auch so?

Jensen: Überhaupt nicht. Ich glaube, dass Marken auch in der heutigen Zeit als Orientierungspunkt und als Anker ungeheuer wichtig sind. Die Marke muss aber immer wieder neu aufgeladen werden, und das wird immer herausfordernder.

Das Thema Messen ist für die Aussteuerung der richtigen Maßnahmen ja sehr wichtig. Wie bewerten Sie den aktuellen Stand der Messsysteme und Methoden?

Jensen: Ein neuer Marketingchef wird zu Beginn von vielen Beratungsfirmen kontaktiert, die ihm jeweils das beste Messverfahren der Welt verkaufen wollen. Diese Up-Front-Tests sollen ganz genau zeigen, welche Mittel man für welche Kanäle einsetzen sollte, um die Markeneffizienz zu erhöhen. Ich habe bis heute keines gesehen, das wirklich überzeugt. Eine Automatisierung funktioniert hier nicht, weil die Kommunikationskanäle so vielschichtig geworden sind. An der klassischen Grundregel des Marketings, Attention – Interest – Desire – Action (AIDA), hat sich jedoch bis heute nichts geändert.

Gilt das auch für Social Media?

Jensen: Ja. Am Anfang geht es nur um eines: Attention generieren. Und am Ende des Tages will ich natürlich Action. Das heißt, ich möchte erreichen, dass die Leute zum Händler gehen und mit einem Mercedes vom Hof fahren. Alles, was wir tun, steuert auf dieses Ziel zu. Das gilt auch für unsere Social-Media-Aktivitäten. Wobei diese nur über die Markenwahrnehmung gemessen werden können. Durch die fragmentierte Medienlandschaft und die sozialen Medien ist heute die zielgruppen- und kundenspezifische Kommunikation noch wichtiger geworden. Manche große Industrieunternehmen und sehr konservative Marken tun sich damit schwer, weil es die bisherigen Maßnahmen infrage stellt. Meiner Ansicht nach bietet uns diese Entwicklung herausragende Möglichkeiten. Wir können Zielgruppen heute sehr viel individueller ansprechen. Das ist auch der Grund, warum wir bestimmte Plattformen über einen langen Zeitraum belegen. Denn bevor man ein glaubhafter Bestandteil einer Community wird und das Vertrauen gewinnt, also bevor man wirklich – um die Facebook-Terminologie zu nutzen – ein „Freund" wird, vergeht Zeit.

Doch wie messen Sie, was Social Media für die Marke bringt?

Jensen: Es gibt bisher kein sauberes Messverfahren im Bereich Social Media. Das Einzige, was wir am Ende des Tages zur Verfügung haben, sind unsere regelmäßigen Imageumfragen. Zudem investieren wir einiges Geld in die Marktforschung, beispielsweise in unseren Markenmonitor. Wir hinterfragen für alle maßgeblichen Märkte inklusive China repräsentativ und über Jahre, wie die Marke Mercedes-Benz wahrgenommen wird. Damit können wir die Unsicherheit ein klein wenig mindern, gerade was das Thema Messung von Social-Media-Aktivitäten betrifft. Doch klar ist auch, wenn wir nicht präsent sind, haben wir die Schlacht verloren. Social Media ist „here to stay".

Wie geht Ihr Unternehmen insgesamt mit sozialen Netzwerken um?

Jensen: Wir haben innerhalb des Unternehmens Daimler einen Social-Media-Roundtable, wo wir abteilungs- und bereichsübergreifend die Entwicklungen diskutieren. Bei uns gibt es zudem klare Regeln darüber, wie man Stellung bezieht, wenn ein Thema im Netz in eine bestimmte Richtung abdriftet. Unsere Policy ist hier sehr offen.

Ist Social Media ein Add-on oder kann der Kanal auch eine große Bedeutung für eine Marke haben?

Jensen: Beides. Ich glaube, dass wir Social Media inzwischen nicht mehr als reines Add-on betrachten. Es ist ein Kommunikationskanal, über den ich bestimmte Themen absetzen und dauerhaft penetrieren kann, übrigens nicht zu niedrigeren Kosten, was sehr viele glauben. Guter Content kostet Geld, das wird gerne vergessen.

Stichwort Content: Wie bewerten Sie die Entwicklung der Medien insgesamt?

Jensen: Ich glaube nicht, dass die traditionellen Kommunikationsinstrumente verschwinden werden. Ich glaube beispielsweise nach wie vor fest an die Printmedien. Allerdings haben sehr viele Verlagshäuser vergessen, ihre Titel mit einem großen Portfolio-Gedanken zu versehen und klar darzustellen, wofür der jeweilige Titel steht. Sehr gefährlich wird es natürlich, wenn Verlagshäuser anfangen, ihre Redaktionen zusammenzulegen. Dann stellt sich mehr denn je die Frage nach der Identität und Einzigartigkeit.

Zurück zum Marketing. Es wird seit Jahren immer wieder über das Thema 360-Grad-Marketing gesprochen. Wie wichtig ist das Thema für Mercedes-Benz?

Jensen: 360-Grad-Marketing ist heute ungeheuer wichtig. Die Folge der fragmentierten Medienlandschaft ist, dass wir viel früher darüber nachdenken, in welche Kanäle wir gehen; auf dieser Entscheidungsgrundlage gestalten wir unsere Botschaften.. Das ist eine völlig andere Vorgehensweise als noch vor 15 Jahren. Vor diesem Hintergrund habe ich mich zu Beginn meines Antritts auch für einen Agenturwechsel entschieden, denn ich wollte meine Mediaagentur sehr früh in den kreativen Prozess einbinden. MEC hatte genau die strategische Kompetenz, die wir gesucht haben.

Damit sind wir wieder beim Thema Markenkern.

Jensen: Genau. Das Gleiche gilt für unsere Marken auch. Wichtig ist immer wieder das Thema Relevanz. Wir prüfen ständig, ob wir bestimmte Kommunikationszielgruppen erreichen und ob wir für sie relevant sind. Wobei eine Kommunikationszielgruppe übrigens auch von der Zielgruppe abweichen kann. Warum? Weil sie nämlich diese Kommunikationsleistung erbringen kann, um eine Marke in eine bestimmte Richtung zu bewegen.

Welche Bedeutung hat in Ihrer Strategie das Thema Sponsoring?

Jensen: Sponsoring hat seit Langem eine sehr große Bedeutung für uns. Hier sind Kontinuität und Konsistenz noch viel wichtiger als auf allen anderen Gebieten. Wichtigstes Kriterium ist dabei die Relevanz für unsere Kunden und Interessenten. Hinzu kommen der Markenfit und die Internationalität. Nicht alle Themen passen zu einer Marke wie Mercedes-Benz. Neben dem 360-Grad-Marketing darf man eine andere Zahl nicht vergessen: 365 Tage. Das heißt, es ist genauso wichtig, kontinuierlich präsent zu sein. Zum Thema Fashion engagieren wir uns seit elf Jahren mit inzwischen jährlich über 30 Modeveranstaltungen weltweit. Global besetzen wir erfolgreich die Themen Golf und Motorsport. Fußball ist aber eine rein deutsche Angelegenheit. Wir sind seit 21 Jahren Generalsponsor der deutschen Nationalmannschaft. Das ist ein sehr breit angelegtes Engagement, das die Wahrnehmung der Marke prägt. Der Deutsche Fußballbund und Mercedes-Benz passen hervorragend zueinander, denn wir haben das gleiche Ziel. Unser Claim passt zu beiden: Das Beste oder nichts.

Vita

Anders-Sundt Jensen ist Leiter des Bereichs Brand Communications Mercedes-Benz Cars und verantwortet dort die Markenkommunikation. Seit seinem Einstieg in das Unternehmen 1989 hatte Jensen verschiedene leitende Funktionen inne. Er verantwortete unter anderem die Vertriebsstrategie Mercedes-Benz PKW, das Produktmanagement für die Baureihen der A- und C-Klasse und war von 2000 bis 2004 Präsident und CEO der Vertriebsgesellschaften DaimlerChrysler Dänemark und DaimlerChrysler Schweden. Seit 2005 ist Anders-Sundt Jensen Leiter Vertrieb und Marketing smart und darüber hinaus seit Anfang 2007 für die Markenführung smart zuständig.

„Wir dürfen Effizienz nicht nur quantitativ bewerten."

Interview mit Margret Dreyer, Postbank

Margret Dreyer, Abteilungsdirektorin Corporate Brand and Marketing Communications bei der Postbank, über ihre Strategie 2011, die Chancen digitaler Medien und die Herausforderungen der Mediaforschung.

Anja Schüür-Langkau

Die Deutsche Bank hat ja im Herbst 2010 die Mehrheit der Postbank-Aktien übernommen. Was bedeutet dies für die Marke Postbank?

Margret Dreyer: Die Postbank wird eine starke und eigenständige Marke bleiben – schon von Beginn des gesamten Übernahmeprozesses an gab es hierzu klare Aussagen seitens der Deutschen Bank. Die Marke Postbank steht also auch künftig für einfaches, unkompliziertes, nahes und günstiges Banking für jedermann.

In der Presse wurden Kreise der Deutschen Bank zitiert, dass durch die Übernahme die Marke Norisbank nicht mehr weitergeführt werden soll. Gibt es hierzu schon verlässliche Hinweise?

Dreyer: Zu dieser Frage möchte ich Sie gern an die Deutsche Bank verweisen.

Seit 2009 läuft die Image-Kampagne „Unter dem Strich zähl ich". Wie zeitgemäß ist die Kampagne noch?

Dreyer: Die Kampagne wurde damals unter dem unmittelbaren Eindruck der Finanzkrise gelauncht. Davor hatte die Postbank eine sehr offensiv-kompetitive Kampagne im Markt. Wie in vielen anderen Finanzkampagnen auch war der Charakter der absenderorientierten Produktwerbung gewollt. Mit der Krise aber hat sich etwas Entscheidendes verändert. Es gab eine Vertrauenserosion, die die Banken, Sparkassen und weitere Finanzdienstleister je nach Hintergrund unterschiedlich getroffen hat. Darauf musste die Kommunikation natürlich reagieren: Großgeschriebene Zinssätze reichten da nicht mehr. Gestützt durch Marktforschung, intensive interne Diskussionen und natürlich durch Einbindung unserer Agenturpartner, ist dann eine Kampagne eingeführt worden, die sich klar am Nutzwert für den Kunden ausrichtet. Mittlerweile haben viele Finanzdienstleister ihre kommunikativen Schlüsse aus der Finanzkrise gezogen und diese in ihre Kampagne übertragen. Da wir damals sozusagen vor der Welle die Kundenzentriertheit zum Thema gemacht haben, gibt es für uns keine Notwendigkeit, die Kampagne jetzt grundsätzlich infrage zu stellen. Unsere Ergebnisse aus den Kampagnen-Trackings heraus bestätigen das auch, aber wir müssen natürlich kontinuierlich justieren. Kunden, Wettbewerb, Produktangebote, Medien und Mediennutzungsverhalten bieten permanente Herausforderungen.

Welche Veränderungen planen Sie in diesem Jahr?

Dreyer: Es wird eine kontinuierliche, evolutionäre Entwicklung der Kampagne geben. Wir haben zum Beispiel im Jahr 2011 einen sehr starken Giro-Schwerpunkt und werden dieses Thema auch kreativ zum „Hero-Produkt" machen. Die Weiterentwicklung der Kampagne betrifft dabei auch kleine Details. Wir hatten beispielsweise bislang immer einen so genannten „Ich-Begriff" wie „unentgeltlich" oder „reichlich" in der Headline. Den werden wir im Rahmen der Giro-Kampagne durch eine andere Konzeption ersetzen.

Sie hatten das Thema Vertrauenskrise angesprochen. Lässt sich das Vertrauen der Kunden messen?

Dreyer: Exakt messen wohl weniger, im Umfeld des Wettbewerbs verortend abfragen schon. Mit unseren regelmäßigen Trackings und weiteren Marktforschungstools fühlen wir uns generell recht gut informiert. Allerdings haben wir bis zur Finanzkrise das Thema Vertrauen nicht dezidiert abgefragt. Vertrauen ist eine Grundvoraussetzung für unsere Branche, und ohne Vertrauen können Sie als Bank Ihr Geschäft vergessen. Erst in der Finanzkrise haben wir damit begonnen, den Themenkomplex „Vertrauen" in die Befragungen einzubauen. Dabei zeigt sich, dass wir im Vergleich zu anderen privaten Banken vom Vertrauensverlust weniger stark betroffen gewesen sind.

Wie sieht Ihr Mediamix derzeit aus und wird es 2011 Veränderungen geben?

Dreyer: Wir hatten eine größere Zäsur im Übergang von 2009 zu 2010. Auch wir haben im Mediapitch-Jahr 2009 Agenturen eingeladen. Ein Ergebnis dieses Pitches war die strategische Justierung unseres Mediamix. Selbstverständlich spielt dabei immer eine Rolle, welches Produkt im Vordergrund steht, welche Zielgruppen ich ansprechen möchte oder welche kreativen Möglichkeiten geboten werden. Insofern ist der Mediamix nicht für jede Teilkampagne identisch. Aber wir haben uns definitiv stärker in den Online-Bereich hinein entwickelt, TV als Basismedium gestärkt und Print zurückgefahren.

Können Sie Zahlen nennen?

Dreyer: Leitmedium ist bei uns nach wie vor TV. Bei TV haben wir je nach Produkt ungefähr einen Anteil von 50 bis 60 Prozent, bei Online ungefähr 15 bis 20 Prozent und bei Print ebenfalls ca. 15 bis 20 Prozent. Je nachdem ergeben sich dann restliche größere Prozentzahlen für Funk, Plakat und weitere Medien.

Welche Funktion hat Online in der Bankenkommunikation?

Dreyer: Online hat für uns zwei Bedeutungen: Zum einen ist Online im Prinzip für Direktbanken – die Postbank ist für einen erheblichen Teil ihrer Kunden auch Direktbank – der Point of Sale. Ich will jetzt nicht sagen, dass Onlinekommunikation hierfür gleichzusetzen ist mit Verkaufsförderung, aber die Funktion ist vergleichbar. Auf der anderen Seite ist Online eine wesentliche Gattung im Mediamix. Hierbei geht es aber eben nicht nur um den wirtschaftlichen Gattungsshare und Reichweiten- oder Effizienzüberlegungen. Diskussionen über Online als Teil des Kommunikationsmix sind immer gesamthafte Mediadiskussionen und führen zu ständiger Auseinandersetzung mit dem aktuellen Mediennutzungsverhalten der jeweiligen Zielgruppen. Und durch die zunehmende Ausdifferenzierung innerhalb des Online-Angebots bzw. der Social-Media-Welt natürlich auch zu inhaltlichen, konzeptionellen und kreativen Herausforderungen, die zunehmend komplexer werden und eine entsprechende Steuerung der Agenturen erfordern.

Eine dieser Ausdifferenzierungen ist Social Media. Wie sieht hier Ihr strategischer Ansatz aus?

Dreyer: Wir befinden uns wie viele andere auch immer noch in Phase eins. Unser Ziel ist es zunächst, die besonderen Ausprägungen der sozialen Netzwerke zu verstehen, Chancen und Risiken für die Marke zu erkennen und dann erst mögliche Aktivitäten abzuleiten. Social Media hat bei uns noch keine „Zwangsmitgliedschaften" ausgelöst, erste Maßnahmen aber schon.

Welche sind das genau?

Dreyer: Ganz wichtig ist das Thema Monitoring rund um Themen und Bedürfnisse für unsere Kernprodukte und Services und natürlich für die Marke. Unser regelmäßiges Echolot zeigt, es ist leiser, als man vielleicht glaubt. Finanzanbieter und damit eben auch Banken sind Low Interest.

Und auch in der Social-Media-Welt werden wir Low Interest bleiben. Nichtsdestotrotz gibt es unterschiedliche Phasen, in denen aus Low dann High Interest wird. Die Herausforderung ist, immer dann da zu sein, unter Einbeziehung aller möglichen Kommunikationskanäle, die uns zur Verfügung stehen. Das Problem ist, dass die Kommunikation in den sozialen Netzwerken im Prinzip nicht steuerbar ist. Deswegen ist die Geduld beim Zuhören umso wichtiger.

Zweitens machen wir Word-of-Mouth-Angebote auf Facebook in der Hoffnung, Maßnahmen und Themen zu identifizieren, die einen gewissen Nutzwert haben, Nutzwert im Zweifel sogar über ein einzelnes Produkt hinaus. Wir haben zum Beispiel bei uns auf der Homepage die so genannten Happy-Hour-Angebote. Hier bieten wir für ein definiertes Zeitfenster Produkte mit Zugaben an. Das haben wir in Social Media hinein verlängert und sind mit den Ergebnissen recht zufrieden.

Genauso wie wir als Sponsor von Borussia Mönchengladbach eine Fankurve im Netz haben. Der Reigen spannt sich also von Branding- bis hin zu Vertriebszielen.

Treten Sie in den sozialen Netzwerken auch in den aktiven Dialog mit der Zielgruppe?

Dreyer: Bisher gibt es einige Versuche in einem sehr eng begrenzten Rahmen. Aufgrund der Größe unserer Bank sind wir uns der Anforderung und der Verantwortung bewusst, was es bedeutet, ein Dialog-Management aufzubauen, das der Qualität des Hauses und der Sensibilität der Themen entspricht.

Welche Chancen bietet Social Media Ihrer Ansicht nach den Werbungtreibenden in Zukunft?

Dreyer: Es gibt immer mehr Menschen, die nicht mehr mit dem Internet, sondern im Internet leben und dort einen Großteil ihres sozialen Seins via Social Media erleben, kommunizieren und organisieren. Auf Dauer betrachtet ist es kaum vorstellbar, dort als Unternehmen nicht zu sein.

Chancen sehe ich grundsätzlich darin, noch schneller und flexibler relevante Inhalte zielgruppenspezifisch platzieren und anbieten zu können, Reaktions- und Dialogmöglichkeiten zu haben. Obwohl in der Virtualität, werden Unternehmen und Marken so lebendiger und persönlicher – bessere Bedingungen also für Kundengewinnung und -bindung.

Nutzen Sie soziale Netzwerke als Werbeplattform?

Dreyer: Wir fangen jetzt damit an, zum Beispiel auch Display Advertising in sozialen Netzwerken zu schalten.

Bisher waren wir extrem skeptisch, weil wir in Bezug auf reine Werbenutzung Reaktanzen befürchtet haben. Dem ist nicht mehr ganz so – Werbung gehört nun mal zum Leben dazu. Das gilt step by step auch fürs soziale Netzleben.

Welche Rolle spielen Mobile Apps in Ihrer Strategie?

Dreyer: Zum einen bieten wir für das iPhone eine Postbank App an, die sich auf Mobile Services konzentriert. Zum anderen beginnen wir gerade damit, Werbung in Apps zu schalten. Über neun Millionen Unique Mobile User sind einfach eine Größenordnung, die man nicht ignorieren kann.

Eines der meistgebrauchten Keywords im Marketing ist in den vergangenen Jahren Effizienz. Was bedeutet dies für Sie?

Dreyer: Ich glaube, wir müssen wieder lernen, dass Effizienz nicht nur eine quantitative Effizienz darstellt. Die Konsequenz aus der sich permanent verändernden Mediennutzung besteht ja am Ende nicht darin zu sagen, jetzt kannst du noch mehr Leute zu günstigeren Preisen erreichen. Unsere Herausforderung ist, dass wir unter dem Aspekt Effizienzsteigerung die Steigerung der Kontaktqualität im Auge behalten müssen. Und das zu marktfähigen Kosten.

Wo sehen Sie den meisten Forschungsbedarf?

Dreyer: Neben Online spielen in diesem Zusammenhang Intermedia-Vergleiche eine große Rolle. Wir wissen immer noch viel zu wenig über das Zusammenspiel der einzelnen Gattungen, was wiederum auch Fragen der Marken- und Kampagnenführung berührt. Integriert, konvergent, individualisiert – wie baut sich die beabsichtigte Kommunikationsleistung am besten auf? Bei jüngeren Zielgruppen haben wir teilweise cockpitähnliche Verhältnisse. Der Fernseher läuft, der Laptop ist immer an, Facebook sowieso, Smartphones auch, und Musik ist eh das Grundrauschen. Das heißt, wir müssen auf allen Plattformen präsent sein, wissen aber beispielsweise nicht, ob sich Reichweiten addieren oder die Kontaktklassen anders bewertet werden müssen und welchen Beitrag welche Werbeform in welchem Medium in welcher Reihenfolge leistet.

Und meine Befürchtung ist, dass die wirtschaftliche Erholung und die damit verbundene Steigerung der Werbegelder derzeit nicht dazu beitragen, diese Fragen voranzutreiben.

Vita

Margret Dreyer ist langjährige Abteilungsdirektorin Corporate Brand and Marketing Communications bei der Deutschen Postbank AG und verantwortet die gesamte Kommunikation der Marken Postbank, BHW und DSL Bank. Bevor sie zur deutschen Postbank kam, arbeitete sie fünf Jahre lang als Marketingreferentin im Deutschen Sparkassen- und Giroverband. Ihr Studium der Volks- und Betriebswirtschaftslehre absolvierte die ausgewiesene Marketing- und Kommunikationsexpertin in Freiburg, Kiel und Münster.

MIX
Papier aus verantwortungsvollen Quellen
Paper from responsible sources
FSC® C105338

If you have any concerns about our products,
you can contact us on
ProductSafety@springernature.com

In case Publisher is established outside the EU,
the EU authorized representative is:
**Springer Nature Customer Service Center GmbH
Europaplatz 3, 69115 Heidelberg, Germany**

Printed by Libri Plureos GmbH
in Hamburg, Germany